MIA ET LE LION BLANC

Photographies : Coert Wiechers, Emmanuel Guionet,
Patrick Toselli, Phillip Henn, Kevin Richardson et Joe Alblas.

Un film de Gilles de Maistre
Texte de Prune de Maistre

Hachette Livre, 58 rue Jean Bleuzen, 92170 Vanves.

Prune de Maistre

MIA ET LE LION BLANC

hachette
ROMANS

Partie 1

1

Assise à son ordinateur, Mia regardait avec passion les derniers buts du championnat anglais.

C'était un vrai garçon manqué.

Les murs de sa chambre étaient parsemés de posters de foot, principalement ceux représentant les joueurs de son équipe préférée, Manchester, ainsi que de photos de Londres. Sur l'une d'elles, une lumière hivernale éclairait une cabine téléphonique anglaise rouge couverte de tags ; sur une autre, on apercevait Big Ben.

Mia était très jolie. Même si son visage portait encore les rondeurs de l'enfance, on devinait déjà la finesse des traits, la délicatesse de la peau. Ses beaux yeux bleus dessinés en amande brillaient d'un éclat particulier. Pourtant, elle cachait tous ses charmes sous une casquette de foot vissée très bas qui enserrait sa longue chevelure blonde dont quelques boucles rebelles s'échappaient, refusant de se laisser emprisonner.

Il faisait sombre, car elle avait tiré les rideaux. Ça lui permettait, disait-elle, de rester dans sa bulle, dans son monde.

Son père la sortit de sa rêverie en criant depuis le rez-de-chaussée. Manifestement, ce n'était pas la première fois qu'il l'appelait.

— Mia, bouge !

Elle était sur le point de se lever lorsque tout à coup une alerte retentit depuis l'ordinateur et une boîte de dialogue apparut sur l'écran. Le visage de Mia s'éclaira et ses joues s'empourprèrent légèrement en découvrant les traits de son ami Daniel. Elle se rassit.

— Hé ma gow, t'as vu le but de Sanogo ?

— Mais carrément ! Il était de ouf.

— Ben moi, je le verrai au stade samedi.

— Oh, ça va ! Et dis donc, t'es pas en train de manger ce à quoi je pense ?

— Et si, notre Mac Pizza Pepperoni burger préféré… T'en veux, hein ?

— T'es pas cool.

Le père de Mia se fâcha :

— Mia ! On va rater le bus.

— Je viens ! hurla Mia en levant les yeux au ciel.

Elle souffla, exaspérée, se mit debout, enfila sa veste d'écolière et adressa un signe de main à Daniel.

— À plus, Daniel, je dois y aller. Bon match. T'y vas pas avec Rachel ?

— Si, pourquoi ? T'es jalouse ?

— Trop pas, c'est un troll.

Son père, à bout de nerfs, lança :

— Mia, je monte !

Mia jeta son sac de classe sur son épaule et se précipita vers la fenêtre. Elle écarta le rideau, enjamba la balustrade de son balcon et se retrouva sur le toit du premier étage.

Le panorama qui entourait la maison était stupéfiant : de la savane à perte de vue, jaunie par un soleil brûlant, au milieu de laquelle se dressaient des jacarandas d'un bleu flamboyant ; des animaux majestueux, girafes, zèbres, antilopes, constellaient le bush aussi loin que les yeux pouvaient voir.

Une torpeur délicieuse se dégageait de ce paysage somptueux, et pourtant, Mia semblait de mauvaise humeur.

Que lui manquait-il ? Pourquoi choisissait-elle de se cloîtrer dans une chambre en rêvant du brouillard anglais alors qu'elle avait la chance de vivre en Afrique du Sud ?

Mia avançait prudemment sur le toit, les bras écartés pour conserver son équilibre. Elle souriait déjà en pensant à la tête que ferait sa mère en la voyant passer par là. Elle savait qu'elle serait morte de peur, mais ça l'amusait de la pousser à bout.

Alors qu'elle entreprenait une descente périlleuse le long de la gouttière, Alice, sa mère, la vit et s'écria.

— Mia ! Je t'avais interdit !

Mia partit en courant rejoindre son père sans laisser à sa mère le temps de l'embrasser. Alice la poursuivit :

— Pas de bagarre à l'école, tu ne réponds pas au prof, et tu ne rates pas ton interro de maths !

Mia sauta d'un bond dans le gros 4x4 de son père en fronçant les sourcils.

Assis sur la banquette, son grand frère l'attendait depuis un moment déjà. Sur ses genoux était niché un suricate adorable dont une patte était bandée.

Mick était un garçon un peu spécial. Sans être vraiment « anormal », il dégageait quelque chose de différent. Bien qu'il eût deux ans de plus que Mia, on aurait juré qu'il était son petit frère. Autant elle était casse-cou et sportive, autant lui était particulièrement délicat. Il avait peur de tout. À douze ans, il faisait encore régulièrement des cauchemars et parfois aussi pipi au lit. Extrêmement nerveux, il ne parvenait pas à se débarrasser de tics, ce qui avait le don d'exaspérer son père qui aurait sans doute rêvé d'un garçon un peu plus viril, un peu plus « comme lui ». John niait sa différence et détestait qu'on en parle.

Mick, enfin, avait une sensibilité très particulière envers les bêtes qui l'incitait à récupérer tous les animaux blessés qu'il trouvait.

Sans perdre plus de temps et dans un vrombissement de moteur, John lança le 4x4 sur la piste sableuse.

Au même moment, la porte de la ferme s'ouvrit violemment et une grande femme noire portant un turban xhosa vert citron en sortit en courant. Elle siffla entre ses doigts, mais la voiture ne s'arrêta pas.

Elle tenait dans ses mains les sandwichs des enfants pour l'école.

Alice la rassura en lui adressant un sourire complice.

— Ne vous inquiétez pas, Jodie, je les mangerai avec plaisir.

John, Alice, Mia et Mick formaient la famille Owen. L'endroit qu'ils habitaient était vaste, plus de douze mille hectares de brousse sauvage. Il s'agissait d'une exploitation comme il s'en trouvait beaucoup en Afrique du Sud : une ferme de félins.

La voiture roulait à vive allure, soulevant derrière elle des nuées de poussière.

Ils longeaient maintenant les enclos des fauves qu'ils élevaient, une douzaine de lions âgés d'environ un an. Ceux-ci les regardèrent passer avec intérêt. Mia en revanche ne leva pas le nez de son téléphone. Ce qui captait son attention, c'était un selfie de Daniel et elle.

Une belle musique classique choisie par Mick accompagnait leur voyage. Mais soudain, Mia se souleva de son siège et d'un geste brusque changea la station de radio pour une autre qui diffusait du hard rock, beaucoup moins doux. Sans doute une façon pour elle d'exprimer cette colère qu'elle avait dans le cœur.

Mick se boucha les oreilles comme si le vacarme lui faisait mal et son père adressa un regard de reproche à sa fille par l'intermédiaire du rétroviseur.

Bientôt, ils s'arrêtèrent au milieu de nulle part, à un croisement entre deux pistes où se tenaient des dizaines d'écoliers vêtus du même uniforme que Mick et Mia, attendant leur transport scolaire.

Les deux enfants sautèrent de la voiture.

Mick confia le suricate à son père en l'abreuvant d'instructions pour le soigner jusqu'à son retour. John écouta attentivement les recommandations de son fils tout en essayant d'éviter les coups de dent de l'animal, furieux d'être séparé de son petit maître.

Le bus ne tarda pas à arriver. John embrassa Mick mais ne réussit pas à obtenir un baiser de Mia qui le quitta sans un regard.

Il eut juste le temps de lui lancer :

— Bon courage pour ton devoir. Je t'aime.

Les enfants montèrent dans le bus et John resta sur la terre rougeâtre à leur adresser de grands signes de la main. Mick, collé à la vitre, répondit gentiment à ses saluts, mais Mia garda le dos ostensiblement tourné.

2

L'école était composée de grands bâtiments modernes devant lesquels flottaient fièrement deux drapeaux : le drapeau national ainsi que celui de l'école.

C'était l'heure de la récréation et les élèves se couraient les uns après les autres en riant.

La plupart étaient pieds nus, une particularité des pays très chauds. Il faisait plus de trente-cinq degrés ! Régulièrement, les enfants s'abreuvaient aux robinets communs. L'ambiance était joyeuse, les cris fusaient. Tous semblaient s'amuser.

Tous, sauf Mia qui était assise les genoux repliés sous le menton, à l'ombre d'un arbre, seule. Elle n'avait pas d'amis.

Elle attendait, le regard dans le vague, la fin de la récréation quand, soudain, une voix qu'elle connaissait la sortit de sa torpeur. C'était Mick !

Elle s'approcha doucement de l'endroit d'où provenait le bruit et avança prudemment la tête pour voir sans être vue.

La scène qu'elle découvrit la fit frémir. Son frère aîné était tenu dans les airs par une bande de brutes qui brandissaient devant ses yeux un lézard qu'ils menaçaient de brûler. Mick, le pauvre, était terrifié et ne savait comment réagir.

Le plus grand, celui qui semblait être le chef du groupe, s'adressa à Mick méchamment :

— Alors, mauviette, tu veux voir comment il crame ?

Mick tremblait comme une plume. Il avait le souffle court et peinait à retenir ses larmes.

Les autres, deux garçons et une fille, qui faisaient partie des caïds du collège, riaient de le voir si malheureux. Ils n'avaient aucune pitié.

Le grand agressif reprit :

— J'ai bien l'impression que t'as envie, oui. Qu'est-ce que t'en penses, Lina ?

— J'en pense que c'est un attardé total.

— Mais non ! renchérit un autre. J'ai entendu les profs en parler, c'est pas un attardé, c'est un artiste, il est du genre délicat.

Ils éclatèrent d'un rire moqueur.

— Allez, on le brûle !

À ces mots, Mick se mit à sangloter.

Mia bouillait de rage derrière son mur. Elle ne supportait pas de voir ces voyous s'en prendre à son frère, surtout de façon

si lâche. Mais elle savait aussi qu'elle n'avait aucune chance de s'en sortir face à ces brutes. Ils étaient trop nombreux.

Pourtant, lorsqu'elle entendit son frère pleurer, c'en fut trop. Elle émergea de sa cachette et s'interposa. Bravement, elle leur fit face.

— Laissez-le !

Les membres de la bande, éberlués, oublièrent du même coup et Mick et le lézard.

Le gros balèze s'approcha de Mia, l'air mauvais. Il faisait deux têtes de plus qu'elle.

— C'est à moi que tu parles, l'étrangère ?

Mia avait beau être terrifiée, elle ne le montra pas. Sa fierté et sa colère étaient plus grandes que son effroi. Elle lui répondit sans baisser les yeux, mais les lèvres tremblantes :

— Je ne te parle pas, je t'ordonne de le laisser tranquille !

Le garçon entra alors dans une rage immense et se jeta sur elle. Ils se battirent comme des chats sauvages. Mia se débrouillait pas mal, mais la différence de corpulence finit par être fatale et le dernier coup de poing fut si violent qu'elle perdit connaissance.

Elle se réveilla à l'infirmerie quelques instants plus tard. Elle se redressa sur le lit, regarda autour d'elle et, lorsqu'elle réalisa où elle était, elle se rallongea en maugréant :

— Et c'est encore moi qui vais me faire gronder.

Pendant ce temps-là, à la ferme, John surveillait la progression de ses travaux. Une partie des bâtiments devait être transformée en lodge pour accueillir des clients. Malheureusement, le chantier n'avançait pas aussi vite qu'il l'avait espéré et les retards accumulés commençaient à peser sur son moral, car il ne voyait pas comment il allait s'en sortir financièrement.

Il tenait une discussion animée avec le contremaître quand Alice, qui n'avait aucune idée des soucis d'argent de son mari, s'approcha de lui.

— Ce n'est pas mon problème, Piet, s'il y a du retard, c'est le vôtre. Nos premiers clients arrivent début juillet. Débrouillez-vous pour qu'au moins le restaurant soit prêt. Plus aucun retard, Piet, c'est compris ?

— Calme-toi, chéri. Regarde plutôt ça, je t'ai apporté des catalogues pour qu'on réfléchisse à la couleur des canapés du bar.

Jaune, c'est joli non ? Qu'est-ce que t'en penses ? John ? Ça va, mon amour ?

— Oui, oui, bien sûr que ça va. Juste des problèmes de délai. Mais qui n'en a pas, hein ? Pas de quoi s'inquiéter.

Tout à coup, Alice prit une mine sombre. Elle venait de recevoir un appel du directeur de l'école et ne savait pas comment en parler à John.

Elle bredouilla quelques mots puis se lança :

— Peut-être que tu devrais t'inquiéter, en fait. C'est l'école, c'est Mia. Apparemment elle se serait battue.

John leva les bras au ciel.

— Mais qu'est-ce qu'elle a, bon Dieu ? Pourquoi ne comprend-elle pas la chance qu'elle a d'être ici ?

— Pour toi c'est une chance, mais pas pour elle. Souviens-toi comme tu étais malheureux à Londres. Tu ne supportais pas. Eh bien, c'est ce qu'elle ressent maintenant.

John reconnaissait que sa femme avait raison, mais ça lui faisait trop mal de penser qu'il pouvait être en partie responsable de la tristesse d'un de ses enfants, alors comme d'habitude, il prit le parti de relativiser.

— Ça fait seulement quelques mois qu'on est là, elle va s'habituer… j'en suis sûr. Elle a juste besoin d'un peu de temps.

— Elle ne s'est fait aucun ami dans cette école, John, aucun.

— Je sais, Alice, mais c'est pas un drame… elle est solide. Et si quelqu'un peut s'adapter, c'est bien Mia.

John Owen était sud-africain, issu d'une grande lignée de fermiers. Il avait toujours vécu dans le bush, en brousse, au milieu des lions et des animaux sauvages. Cette ferme, c'était la maison de son enfance.

Il avait rencontré Alice, une Française, à la Sorbonne lorsqu'il était allé étudier le commerce à Paris. Après leur mariage, ils s'étaient d'abord installés en Afrique du Sud. Ils avaient eu pour projet de reprendre la ferme et John se formait pour succéder à son père.

Mick était né puis un événement tragique s'était produit. Ils avaient alors abandonné leur projet et déménagé en Angleterre.

Mia était arrivée. Leur vie était heureuse, sauf pour John qui détestait cette région et rêvait du jour où il pourrait rentrer chez lui.

Et puis un jour, le père de John mourut. Il fallut reprendre la ferme et Alice donna son accord pour retourner en Afrique du Sud.

Pour Mia, ce fut un véritable déchirement. Elle quittait tout ce qu'elle avait toujours connu. Elle était séparée de tout ce qu'elle aimait et elle ne parvenait pas à trouver le bonheur dans ce nouveau pays, dans cette nouvelle vie. Depuis qu'ils étaient arrivés, quelques mois plus tôt, elle en voulait à ses parents.

C'était le début de l'après-midi. L'école était finie et les élèves prenaient à nouveau le bus pour rentrer chez eux.

Mia monta parmi les derniers. Elle dépassa Mick qui était déjà à bord et avança jusqu'au fond pour s'installer seule, contre la fenêtre.

La mine renfrognée, elle tentait de masquer avec sa casquette sa joue meurtrie par la bagarre.

Le véhicule démarra et Mick glissa à son tour vers l'arrière pour la rejoindre.

Il s'assit à ses côtés et l'entoura tendrement de ses bras.

— Merci, Mia.

Elle ne répondit pas et resta immobile, tournée vers la vitre, glaciale. Puis dans un murmure, elle lui dit :

— Laisse-moi.

Mick se leva, le cœur lourd, et regagna sa place.

Mia s'en voulait de la réaction qu'elle avait eue envers son frère mais c'était plus fort qu'elle. Elle était trop mal dans sa peau. Elle ne supportait rien : ni l'injustice, ni la chaleur, ni les profs, ni la ferme, ni les lions, ni les Afrikaners, ni les animaux blessés, ni les brutes de son collège, ni la faiblesse de son frère. Elle ne supportait plus qu'on ne la comprenne pas, qu'on ne lui explique pas pourquoi Mick était si bizarre. Elle voyait toute sa vie en noir.

À peine les enfants furent-ils rentrés à la ferme que John embarqua Mia d'autorité dans son pick-up, celui qu'il utilisait pour nourrir les bêtes.

Mia vit que, de loin, Alice adressait un signe de tête complice à son père. Ils étaient de mèche, elle n'allait pas échapper à une leçon de morale, se dit-elle.

Debout à l'arrière du 4x4, John lançait des carcasses par-dessus les clôtures des lions. Mia se montrait particulièrement indifférente, seulement intéressée par les textos sur son portable…

John, qui avait attendu le bon moment pour parler, commença :

— M. Kruger m'a encore appelé.

Mia était soulagée, mais elle n'en laissa rien paraître. M. Kruger était le directeur de l'école. Il était sévère, mais il était juste. Il était venu la voir à l'infirmerie. Lorsqu'elle lui avait expliqué ce qui s'était passé, il avait immédiatement exclu les brutes du collège et ne lui avait fait aucun reproche. Il avait dû raconter la vérité à son père et non pas une version biaisée comme le font souvent les adultes. Mais elle n'était pas pour autant prête à collaborer avec son père.

— Il a dit que tu t'étais bagarrée. Encore…

— Un peu.

John lui retira sa casquette, dévoilant les ecchymoses.

— Y a que des cons là-bas, qu'est-ce que je pouvais faire ?

John ne put réprimer un petit rire.

— Si seulement ton frère était comme toi… Regarde ça, Mia… Regarde ces animaux incroyables. Ils sont à nous… Tu sais la chance que tu as de vivre ici ?

Cette phrase exaspérait Mia au plus haut point. Elle était la preuve qu'on ne prenait pas en compte ses émotions. Elle explosa :

— Non ! Je ne veux pas y vivre. Ça n'est pas chez moi.

— Maintenant, si.

— Ma maison est à Londres. C'est là-bas que j'ai mes copains. C'est là-bas qu'il y a mon école.

— Mia !

La fillette sauta du véhicule et partit en courant.

— Mia !

John secoua la tête d'un air désolé. Mia, sa fille, sa petite qu'il aimait tant, il ne savait plus comment lui parler. Il avait l'impression de la perdre.

Mia n'avait pas décoléré. Assise à même les planches du balcon de sa chambre, l'ordinateur entre ses jambes, elle tentait de se calmer en jouant rageusement à Overwatch.

Un air d'opéra lui parvint. Il venait de la chambre de Mick qui jouxtait la sienne. Elle leva les yeux au ciel, mit un casque et se replongea dans sa partie.

Soudain, elle fit un bond en arrière. Une tarentule monstrueuse s'approchait d'elle en claudiquant. Encore une sympathique patiente de Mick, se dit-elle.

Elle était secrètement admirative du travail que son frère faisait avec les animaux blessés, mais, cette fois-ci, c'en était trop. Elle piégea non sans mal l'araignée dans un bocal et surgit dans la chambre de Mick en hurlant. Elle posa l'araignée devant lui.

— Tu gardes tes bestioles dans ta chambre ! OK ? La prochaine fois qu'il y en a une qui me saute dessus, je te jure que je l'écrabouille.

Mick la regarda sans réagir. Il était en train de donner le biberon à un bébé singe.

L'endroit était un vrai cabinet vétérinaire. Partout des cages de toutes tailles hébergeaient des animaux estropiés : lézards, souris, serpents.

— Tu m'as entendue, Mick ?

— Oui bah, ça va, calme-toi, c'est qu'une araignée.

— J'en peux plus ! Je vis dans une maison de fous !

Puis elle se retourna et quitta la pièce.

3

La nuit était tombée sur la ferme endormie. Des guirlandes lumineuses accrochées le long du toit, des murs ainsi qu'autour des arbres clignotaient. C'était Noël.

Les bruits des animaux, fauves comme grillons, la chaleur du sol qui remontait et les odeurs puissantes du bush donnaient une douceur ouatée à cette soirée si spéciale.

Soudain, l'harmonie fut brisée par un cri. Mick, comme souvent, venait de faire un cauchemar. Alice se précipita dans sa chambre.

— Tout va bien, mon amour. Maman est là. N'aie pas peur.

Mais Mick, plongé dans son mauvais rêve, ne parvenait pas à en sortir. Il semblait habité par des démons et se débattait dans les bras de sa mère.

Alice, habituée à ses épisodes nocturnes, continua à le tenir bien serré et, peu à peu, il se réveilla.

Comme chaque fois, elle éprouvait un soulagement lorsqu'il revenait à lui, lorsque les ombres s'éloignaient de son visage. Mais le mal-être de son fils la rongeait, car elle ne parvenait ni à l'apaiser ni à le comprendre.

L'enfant se lova contre sa mère.

— Raconte-moi l'histoire, maman.

— Encore ?

C'était toujours le même récit que Mick demandait, depuis des années, un conte qu'elle lui avait lu une fois et qui l'avait fasciné. Alice ne comprenait pas vraiment son engouement, mais c'était la seule histoire qui le calmait vraiment, alors elle s'exécutait de bonne grâce.

— Par une nuit froide et sans lune a eu lieu un cataclysme. Tous les éléments de la nature se sont déchaînés avec violence, de sorte qu'on avait l'impression que c'était la fin du monde. Les hommes terrifiés observaient impuissants le désastre et criaient, hurlaient, pleuraient. Seul souriait, imperturbable, un sage guérisseur, le shaman des Shangaans, le peuple de la nature.

À mesure qu'Alice contait, Mick s'apaisait. Dans la chambre voisine, quelqu'un d'autre écoutait avec attention l'histoire. C'était Mia. Éveillée, les yeux ouverts, elle répétait à voix basse ces mots qu'elle connaissait par cœur.

— Tous lui demandèrent : « Shaman, tu n'as pas peur du chaos ? » Et le sage leur répondit : « Les humains ont provoqué la nature en la détruisant jour après jour. Maintenant, elle se venge ! Mais un soir de Noël, un lionceau blanc va naître et… »

Elle s'interrompit. Mick s'était endormi. Alice ignorait que, si Mick tenait tant à cette histoire, c'est parce que pour lui ce n'était pas une légende. Il y croyait vraiment.

Elle lui caressa tendrement les cheveux avant de se pencher pour l'embrasser puis elle soupira et chuchota avant de sortir de la chambre :

— À demain, mon bel ange.

Elle fit une pause dans le couloir et passa la tête dans la chambre de Mia, mais celle-ci ferma immédiatement les yeux et fit semblant de dormir. Alice en profita pour s'approcher doucement de sa fille et lui poser un baiser sur le front. Ils étaient rares, les moments où Mia acceptait les gestes de tendresse de sa mère.

C'était le matin de Noël.

Le soleil se levait à peine quand Mia sentit quelque chose lui trotter sur le dos. Elle ouvrit lentement les paupières et découvrit Trevor, le suricate de son frère, qui la fixait de ses yeux globuleux. Assis sur son lit, à côté d'elle, Mick la regardait avec un grand sourire.

— On va voir si le père Noël est passé ?

— Tu plaisantes, là ? Tu as douze ans !

Mick lança un coup d'œil à son animal.

— Tu vois, Trevor. Elle est désolée pour nous… parce que nous vivons dans un monde plein de magie. Tu sais qui je plains en fait ?

Trevor bondit sur la tête de Mia

— Exactement !

Ne laissant pas sa sœur lui gâcher sa bonne humeur, Mick dévala l'escalier en tirant par la main une Mia encore ensommeillée.

L'arbre de Noël scintillait. Ils jetèrent un regard à leur mère, attendant son approbation avant de se ruer sur les cadeaux qui jonchaient le sol.

Ils n'avaient pas remarqué l'absence de leur père qui apparut quelques minutes plus tard dans l'embrasure de la porte du salon, le visage empli d'excitation.

Dans ses mains, il tenait un petit lionceau blanc !

Mick resta cloué sur place. Il savait bien, lui, que ce n'était pas une légende. Il l'avait toujours su. Il murmura :

— C'est un miracle…

Tous maintenant regardaient le bébé. Même Mia semblait conquise. John reprit :

— Oui… C'est vraiment un miracle. Il y a une chance sur un million qu'un lion blanc naisse naturellement. Il va nous attirer du monde. Les touristes vont en être fous. C'est exactement ce qu'il nous fallait. Tu sais ce que ça signifie, Alice ? Pour la ferme ? Pour nous tous ?

— Oui, c'est fabuleux, dit-elle en se glissant dans ses bras.

Avec un soin infini, Mick prit l'adorable boule de poils des mains de John, la porta au milieu de la pièce et s'allongea sur le tapis à côté d'elle.

Mia, elle, assise un peu plus loin, s'était déjà désintéressée de l'animal ou avait feint de l'être et jouait à la console qu'elle avait reçue.

John et Alice regardaient avec attendrissement leur fils câliner le félin blanc.

— Vous savez ce que Mick imagine, maintenant ? lança Mia d'un ton de reproche à ses parents tout en continuant sa partie.

John tourna la tête, l'air interrogatif.

— Que c'est le lionceau blanc des Shangaans, né le jour de Noël, venu pour sauver tous les lions de l'extinction et rétablir l'harmonie entre les hommes et la nature…

— Mais ce n'est qu'une légende, Mia !

— Je sais, papa, mais Mick croit n'importe quoi.

Alice les interrompit vivement :

— Cela n'a pas d'importance… Depuis notre arrivée ici, la maladie de Mick n'a fait qu'empirer alors si ça le rend heureux…

Mia haussa les épaules.

— Et toi, qu'est-ce qui pourrait te faire plaisir ?

Alice s'approcha de Mia pour lui caresser les cheveux, mais celle-ci se déroba, remercia pour les cadeaux et monta à l'étage.

Allongée sur le sol de sa chambre, casquette en arrière, Mia ouvrit son ordinateur portable et se connecta à Skype. Fébrile, elle écoutait les sonneries se succéder mais il ne répondait toujours pas. « Il », c'était Daniel bien sûr. Depuis plusieurs jours, elle essayait de le contacter. Il lui manquait. Elle avait cruellement besoin de lui. Il était son unique repère, son lien avec sa vie d'avant, le seul qui la comprenait.

Elle lui envoya des messages écrits ; « Daniel, réponds-moi. » Elle insista : « Je sais que tu es en ligne, pourquoi tu m'ignores ? » Toujours rien. Il restait désagréablement absent.

Enfin, son visage apparut sur l'écran. Le cœur de Mia se mit à cogner dans sa poitrine.

— Daniel !

Mais elle fut déstabilisée par son attitude distante. D'une voix froide et sans la regarder, il déclara :

— Désolé, j'ai plein de devoirs en ce moment.

— Mais on peut se parler, là ?

— Plus tard. Je t'appelle, OK ?

Et, sans même lui dire au revoir, il coupa la conversation. Il était cassant. Il avait changé. Mia se retrouva devant un écran vide, le cœur lourd.

Soudain, le bébé lion sauta sur son clavier d'ordinateur comme s'il avait compris qu'elle avait besoin d'être consolée. Un instant elle se laissa attendrir. Elle caressa doucement sa fourrure et sourit

même lorsqu'il commença à lui téter le doigt. Elle sentait bien depuis qu'elle l'avait vu la première fois que quelque chose de particulier les reliait, mais elle n'était pas prête à s'abandonner à de telles considérations. Pas encore. Il représentait tout ce pour quoi elle avait perdu son univers.

Alors, quand Mick apparut à la porte et lui proposa de donner elle-même le biberon, elle refusa net et rendit le lionceau à son frère, déçu de n'avoir encore une fois pas réussi à atteindre sa sœur.

Mia s'allongea sur son lit et navigua sur son téléphone portable. Elle cliqua sur la page Facebook de Daniel, fit défiler ses photos et tout à coup s'arrêta sur l'une d'elles : Daniel en compagnie d'une fille, posant pour un selfie pendant un match d'Arsenal, un bras enlaçant ses épaules.

Mia considéra cette vision un moment puis ferma son portable. Ses yeux s'emplirent de larmes.

Le lendemain matin, Alice, John et Mick prenaient leur petit déjeuner tranquillement lorsque Mia débarqua comme une furie, le visage écarlate, tenant le lionceau à bout de bras. Elle le jeta littéralement sur les genoux de Mick.

— J'en peux plus de ce truc qui me colle !

Alice, dont la patience commençait à atteindre ses limites, prit la défense de son fils :

— C'est pas sa faute, Mia, enfin, contrôle-toi !

Mick, qui était lui le véritable ami déclaré des animaux et n'aurait pas demandé mieux que de se faire harceler par le petit fauve, ajouta :

— T'as de la chance qu'il t'aime bien.

John sentit qu'il était temps pour lui d'intervenir afin d'apaiser l'atmosphère.

— Viens manger, Jodie fait des pancakes.

Bien mal lui en prit puisque, semblait-il, tout le monde avait décidé d'être de mauvaise humeur ce matin-là et personne ne comptait faire d'effort. Jodie se retourna et éructa :

— Ah bon, Jodie fait des pancakes ? En réalité, Jodie a fait des pancakes il y a une demi-heure, monsieur Owen... Et maintenant Jodie lave la vaisselle. Si vous voulez d'autres pancakes, vous les faites vous-même !

Dans son dos, John imita Jodie, ce qui fit rire toute la famille, à l'exception de Mia évidemment. Les rires redoublèrent quand Jodie, qui avait des yeux derrière la tête, pivota brusquement, le doigt pointé vers John :

— Je vous ai vu !

Elle lui tapa sur le crâne avec son torchon puis retourna à l'évier en criant parce qu'elle venait de voir Trevor, assis sur une casserole, qui essayait d'attraper l'eau du robinet.

— Va-t'en ! Va-t'en !

Elle le chassa de la cuisine avec un balai.

Alice tendit son assiette à sa fille avec un sourire pour lui proposer un de ses pancakes. Mais Mia lui répondit d'une façon encore plus insolente que d'habitude :

— J'en veux pas de tes pancakes pourris.

C'en était trop. John ne pouvait supporter davantage l'agressivité de sa fille. Il se leva et tonna :

— Tu ne parles pas comme ça à ta mère ! Ça suffit ! C'est quoi ton problème ?

Mia les dévisagea, des éclairs dans les yeux.

— Mon problème c'est... c'est vous ! Voilà mon problème !

Elle sortit de la maison en courant et se précipita dans les allées poussiéreuses de la ferme. Elle hurla sa colère à l'adresse des lions qui la regardaient sans comprendre. Elle cria de longues minutes, fort et intensément, du plus profond de son être. Elle déversa toute sa tristesse devant ces enclos.

Et c'est ce jour-là, ou à peu près, que commença le reste de sa vie.

Partie 2

1

Kevin s'approcha de Mia qui était en train d'essayer de trafiquer son vieux vélo avec des pièces de moteur dans un coin de la cour de la ferme.

Il connaissait la famille Owen depuis longtemps. Discret et fidèle, c'était un homme de confiance. Régisseur du domaine depuis l'époque du père de John, c'était probablement lui qui savait le plus de choses sur cet endroit, son histoire, son fonctionnement, ses animaux ; ses secrets aussi.

Il s'assit près d'elle sur un tronc d'arbre. Il n'aimait pas les conflits et souhaitait arranger la situation. Il avait vu la douleur dans les yeux du père de John lorsqu'ils avaient décidé de quitter l'Afrique du Sud et il ne voulait pas revivre ça.

— Ce petit lion te harcèle toujours ?

— Ne m'en parle pas.

— Tu sais que c'est peut-être lui qui va sauver la ferme.

Mia s'arrêta tout à coup et regarda Kevin. Elle n'avait jamais imaginé que ses parents pouvaient être en difficulté, elle ne savait pas. Elle réalisa que depuis le début, elle n'avait pensé qu'à elle.

Kevin lui expliqua que la condition pour que la ferme rapporte de l'argent était qu'il y ait suffisamment de touristes. Or, pour l'instant, ce n'était pas le cas. Mais le petit félin blanc, lui, avait le pouvoir, du fait de sa rareté, de ramener beaucoup de curieux. Il lui raconta que, lorsque ses parents étaient partis il y a dix ans, son grand-père ne s'en était jamais vraiment remis et avait laissé ses finances s'effondrer.

Quand il était mort l'année dernière, John avait décidé de reprendre l'affaire, mais pour cela il avait investi toutes ses économies. Le pari était très risqué.

Mia tenta de lui soutirer plus d'informations, mais Kevin cultivait bien l'art du non-dit et il éluda la question. Il marmonna vaguement :

— Une histoire entre père et fils, tu sais… C'est compliqué.

Mia n'insista pas. Elle avait l'habitude qu'on ne réponde pas à ses questions. Une habitude d'adulte… se disait-elle.

Kevin détourna la conversation :

— Et dis donc, qu'est-ce que tu trafiques ? Ça serait pas le moteur de ma tondeuse ?

Mia voulut nier, mais elle se résigna vite à avouer la vérité.

— Si. Mais ne le dis pas à papa. Ma vie est déjà assez naze comme ça !

— Les choses changent, Mia.

— Ouais, je sais. En pire.

— Arrête, idiote ! YOLO !

— Hé ! t'es vachement moderne pour un yeuv !

Ils rirent ensemble cette fois.

Mia tentait de transformer son vélo en « mobylette » ou quelque chose d'approchant. Elle essaya de tirer le câble du démarreur, mais le moteur ne partit pas. Kevin vint alors à son secours, mais il eut beau s'acharner dessus, rien n'y fit, l'engin refusait de tourner.

Jodie apparut à son tour chargée d'un plateau de verres de limonade. Elle poussa d'un coup de hanche Kevin, s'empara du câble et d'un geste sec fit partir le moteur.

— Ah, les hommes !

Mia et elle s'esclaffèrent devant la mine dépitée du régisseur.

Pendant les semaines qui suivirent, Mia et le lion ne cessèrent de se rapprocher. Ce lien particulier qui les unissait, depuis que Daniel l'avait laissée tomber, elle ne le niait plus.

La première fois, ce fut justement avec ce « vélobylette ».

Tandis qu'elle dévalait le chemin poussiéreux pour essayer son invention en poussant des cris de joie, elle remarqua que le lionceau courait à ses côtés. Il bondissait à travers les hautes herbes et semblait s'amuser autant qu'elle en tentant de la rattraper. S'il partageait sa passion des engins à moteur, c'est vraiment qu'ils étaient faits pour s'entendre !

Ils en firent un de leurs jeux préférés.

Une autre fois, Mia s'avançait dans le couloir des chambres lorsqu'elle entendit un bruit violent venant de chez Mick. Elle ouvrit immédiatement la porte et découvrit Mick et Trevor poursuivant des pigeons échappés à travers la pièce. Elle se joignit à l'opération de sauvetage quand Mick, par mégarde, lui jeta une boîte de lait en poudre en pleine figure. Il était déjà terrifié à l'idée de la réaction de Mia, mais celle-ci éclata de rire.

Un peu plus tard, dans sa chambre, Mick soignait un de ses animaux tandis que Mia donnait le biberon au lionceau.

Sa sœur avait bien changé et Mick venait de le réaliser.

2

Le chantier du lodge n'avançait pas. Les travaux prenaient de plus en plus de retard et John était très inquiet. Sa situation financière devenait catastrophique. Comment allait-il entretenir ses lions ? Comment allait-il nourrir sa famille ? Payer les factures ? Comment allait-il surtout pouvoir le cacher à Alice ? Il ne fallait pas qu'elle sache. Il l'aimait comme un fou et ne voulait pas la décevoir.

Kevin et lui roulaient vers la ferme. Bringuebalé par les cahots de la route, John, au téléphone, tentait de se faire comprendre par son interlocuteur. Il n'avait plus les moyens d'acheter la viande nécessaire aux lions et contactait donc les fermiers alentour afin de voir s'ils n'avaient pas des cadavres de chevaux à lui donner.

Kevin l'interrompait tout le temps.

— Tu sais quand on sera réapprovisionnés ? On commence à manquer de vitamines en poudre et de vermifuges. Et Jodie a besoin de désinfectant pour les enclos.

À peine John eut-il raccroché qu'il se tourna, exaspéré, vers Kevin.

— Je sais tout ça ! Qu'est-ce que tu crois ? Je fais de mon mieux.

Ils arrivaient maintenant dans la cour de la ferme où une Alice resplendissante malgré sa tenue négligée les attendait en souriant. Il n'en fallait pas plus à John pour effacer tous ses soucis, sa femme était son rayon de soleil.

Il sauta de la voiture et la fit virevolter en l'air.

Alice lui dit joyeusement :

— Regarde, mais regarde !

À quelques mètres de là, Mia, Mick et le lionceau jouaient ensemble. Les deux enfants, installés sur le vélobylette, avaient assis le fauve dans une sorte de petit side-car sur lequel était gravé son prénom : « Charlie ».

Ils zigzaguaient en riant aux éclats.

John et Alice profitaient de ce spectacle, sur la balancelle de leur terrasse, le bras de John entourant les épaules d'Alice, la tête d'Alice reposant sur la poitrine de John.

Le soleil couchant colorait le ciel comme pour parfaire la beauté du moment.

Émue, Alice murmura :

— Je pense que… tu avais peut-être raison.

CHARLIE

— Alors ça ! Tu penses que j'avais raison ?

— Elle commence à se sentir bien ici.

John l'embrassa.

Un mois plus tard, Mia et Charlie étaient devenus inséparables. Le lion avait beaucoup grandi et bien qu'il fût âgé seulement de quatre mois, ses griffes étaient déjà tranchantes comme des lames de rasoir et ses dents acérées comme des couteaux.

Les ballons de foot de Mia en faisaient régulièrement les frais, comme pouvait en attester la dizaine de ballons crevés qu'elle accumulait dans sa chambre.

Elle rêvait de pouvoir faire de Charlie son partenaire de jeux mais malheureusement, s'il avait bien assimilé le principe d'aller chercher la balle quand on la lui lançait, jamais il n'avait réussi à la rapporter intacte.

Malgré les mises en garde de ses parents, qui lui rappelaient fréquemment qu'il n'était pas un animal de compagnie et qu'il devrait bientôt rejoindre les autres dans les enclos, Mia continuait d'approfondir sa relation avec lui.

Ce lionceau avait redonné un sens à sa vie. Eux ne comprenaient pas qu'il était différent. Tout ce qu'ils lui disaient sur les fauves et la façon de se comporter avec eux, elle ne le retrouvait pas chez Charlie.

Sur ces pensées, Mia s'endormit, tendrement enlacée par son ami au pelage si doux.

3

Le cri de Mick déchira la nuit.

Alice se précipita, mais lorsqu'elle arriva à la porte de sa chambre, elle découvrit avec émotion que sa fille l'avait devancée.

Assise à son chevet, Mia caressait les cheveux de son frère avec une infinie douceur tout en lui racontant l'histoire, celle qui l'apaisait. Alice se rendit compte que Mia la connaissait par cœur.

— Aujourd'hui encore, personne ne sait d'où viennent les lions blancs. Les Shangaans pensent qu'ils sont sacrés, et qu'ils vont nous aider à signer la paix avec la terre.

Mick était tout à fait calme à présent et Mia le borda délicatement. Au moment où elle allait se lever, Mick, dans un demi-sommeil, murmura quelque chose que Mia ne comprit pas tout d'abord.

— Je comprends rien, Mick, tu dis quoi ?

— Ce n'est pas une légende, Mia. Tu dois y croire. Il y a même des gens qui ont créé une réserve pour accueillir le retour du lion blanc. Elle est près de la rivière Timbavati.

Mick s'était rendormi et Mia restait déstabilisée par ce qu'il venait de lui dire. Il paraissait tellement sûr de lui, ce frère aîné un peu spécial qu'elle adorait mais qu'elle avait du mal à cerner.

Puis elle sortit de la pièce à pas feutrés et tomba sur sa mère.

— Merci, ma grande.

Mia lui rendit un sourire qui signifiait : « C'est normal, maman. »

Toutes deux se dirigèrent vers la chambre de Mia.

Lorsqu'elle ouvrit la porte, Alice découvrit avec stupeur que Charlie attendait Mia sur son lit. Seulement maintenant il n'était plus la petite peluche adorable qu'il était il y a quelques mois. C'était un lion de six mois, puissant, dangereux déjà. Alice n'osait même plus l'approcher, et Mia, elle, dormait avec lui.

— Tu sais qu'il ne pourra pas toujours rester dans la maison ?

Mia caressa tendrement la tête du fauve.

— Tu m'entends, Mia ? Ce sera toujours un animal sauvage.

Mia fixa son regard sur Charlie et changea de conversation. Elle songeait à tout autre chose.

— Tu penses qu'elle est vraie, la légende ?

Alice réfléchit un moment. Mia ne se contenterait pas d'une réponse de bébé. Elle avait besoin d'une vraie réponse.

— Dans le monde de Mick, elle l'est… Mais une légende n'a pas besoin d'être entièrement vraie pour contenir une part de vérité. C'est à chacun de nous de décider ce que l'on veut croire.

Mia y songea un instant. Et elle hocha la tête.

— Je peux encore lire un peu ?

— Non, il est tard et tu as école demain.

Charlie, lui, ne l'entendait pas de cette oreille. Il sauta du lit, ce qui fit bondir Alice, et se mit à jouer dans la chambre. Il grimpa sur le bureau, glissa et fit tomber toutes les fournitures qui étaient dessus en essayant de retrouver son équilibre, puis il commença à s'attaquer à la lampe de chevet. Mia riait aux éclats.

Alice, elle, riait jaune.

— C'est un bébé, maman !

— Il est vraiment gros, ton bébé.

— T'inquiète pas, maman, tout va bien. Je te promets.

Le calme revint et Alice sortit de la chambre.

Elle rejoignit John qui l'attendait allongé dans le canapé et se coula amoureusement le long de son corps. Il la serra contre lui et interrogea :

— Je n'aurais jamais imaginé dire ça il y a quelques semaines, mais elle ne s'attacherait pas trop à ce lionceau ?

Alice soupira.

— Je suis d'accord. Mais elle est heureuse, John, c'est la première fois depuis que nous sommes ici. Je ne veux pas gâcher ça. Pas maintenant.

John la regarda un moment puis l'embrassa.

— Et toi, ma petite princesse française ? Tu es heureuse ?

Alice, espiègle, monta sur John et lui prit les mains fermement.

— Tu seras le premier informé si ce n'est pas le cas ! Et tu le sentiras passer, je peux te le dire…

Alice était une femme magnifique. À la fois naturelle et sophistiquée, elle avait une classe innée qui la faisait irradier dans toutes les situations. Ses longs cheveux blonds l'auréolaient et sa silhouette souple et fine était pleine de grâce. John l'aimait depuis le premier jour. Elle était son pouls, sa sève, il était prêt à tout pour elle.

Dans sa chambre, Mia se pencha sous son lit et sortit une lampe électrique. À l'abri sous sa couette avec Charlie, désobéissant à sa mère, elle se mit à lire. Le livre parlait des lions blancs et d'un homme qui avait réussi à les comprendre et qui la fascinait : Kevin Richardson.

Charlie essaya d'attraper la lampe, et Mia le repoussa. Soudain, pour la première fois, Charlie se rebiffa et lui griffa le bras. Elle cria. Le coup de griffe d'un lion n'était pas quelque chose d'anodin. Son bras saignait.

Pendant quelques secondes, elle eut trop peur pour faire le moindre geste puis elle réalisa :

— Tu me testes, c'est ça ? Tu veux savoir comment je vais réagir ?

Charlie continua à mâchouiller la lampe. Mia, s'armant de courage, se pencha pour la reprendre. Charlie la griffa à nouveau, mais cette fois Mia le frappa sur la gueule d'un coup sec.

Charlie la dévisagea, puis il grogna et se réinstalla sur le lit. L'ordre était revenu.

Mia sourit, soulagée.

Ils venaient de franchir une étape dans leur relation. Et Mia l'avait compris. Elle était fière.

4

Entouré d'une montagne de factures qui ne cessaient de s'accumuler, John, assis derrière son bureau, était au téléphone.

Les murs de la pièce étaient recouverts d'affiches faisant la promotion de la ferme et de son activité : le gîte, les promenades avec les lions, Charlie le lion blanc.

Il parlait à mi-voix, comme s'il était gêné :

— Je suis désolé, c'est ce que mon père faisait... Mais on ne le fait plus maintenant...

Voyant Mia entrer, il écourta la conversation :

— Rappelez-moi si vous avez un problème et je vous donnerai le numéro d'un ami, Dirk. Il pourra vous aider. Au revoir.

Il fixa sa fille debout devant lui qui ne parlait pas.

— Que se passe-t-il ?

Mia savait que sa requête allait surprendre son père.

— Je me demandais… Tu as donné à manger aux grands lions ?

— Non, pourquoi ?

— Je pensais que je pourrais y aller avec toi.

Décidément, sa fille l'étonnerait toujours. Il ne chercha pas à analyser son changement d'attitude. Il était heureux et accepta immédiatement.

Tous deux traversèrent la cour en direction de la jeep. Ils passèrent devant Kevin qui avait embauché une Jodie très réticente pour l'aider à nourrir les petits de la nurserie.

— On y va, Kev. Mia nous accompagne.

Kevin leur emboîta le pas.

— Ben alors, Mia, qu'est-ce qui t'arrive ?

Mia s'installa sur les genoux de son père qui lui apprenait à conduire et lui répondit en souriant :

— Les choses changent. C'est bien ce que tu m'as dit, non ?

Kevin sourit.

Embarqué dans les méandres de la ferme, la plate-forme arrière du véhicule chargée de carcasses, l'équipage se dirigea vers les enclos. Mia en profita pour interroger son père :

— Comment on gagne de l'argent dans notre ferme, papa ?

— Hé, hé… très bonne question.

— On élève les lions pour leur préservation, pas vrai ? C'est le but. Quelqu'un nous paye pour ça ?

— J'aimerais bien ! Mais non. Nos rentrées d'argent, ce seront le gîte, quand il sera prêt, les promenades avec des jeunes lions en liberté, les équipes de tournage qui verseront des droits, les savants qui viendront faire des recherches... Ce sera serré mais ça devrait marcher tout juste.

Mia réfléchit un instant puis continua :

— Et ceux que tu vends, où vont-ils ?

Kevin lança, énigmatique :

— Tu ne vas pas y échapper, John.

Mais John ne se laissa pas démonter :

— On doit parfois vendre des animaux, en effet. À des zoos, à des parcs ou à d'autres éleveurs. Pourquoi tu me demandes ça ?

John avait compris le sens de la question de Mia. La raison pour laquelle sa fille s'intéressait maintenant aux bêtes n'avait qu'un but : Charlie.

— Je ne veux pas que tu vendes Charlie.

— Ce n'est pas un animal de compagnie, Mia. Tu le sais, quand même ?

— Oui, mais il n'est pas comme les autres. Il est différent.

Ils étaient arrivés devant un enclos dans lequel une douzaine de lions s'agitaient. Kevin s'empara de carcasses énormes et dégoûtantes et les lança par-dessus les grilles. Les lions se jetèrent dessus avec une violence inouïe.

— Pas si différent, Mia. Passe de l'autre côté de la clôture, et n'importe lequel de ces lions te mangera en cinq secondes. Même si tu l'as nourri, chouchouté, baigné ; que tu t'appelles Mia, Kevin ou que tu sois le pape… Un animal sauvage sera toujours un animal sauvage et tu n'y changeras rien, quoi que tu fasses.

Mais Mia insista :

— Promets-moi de ne pas le vendre. Promets-moi que tu le relâcheras dans la nature.

John ne put s'empêcher de rire.

— Personne ne relâche de lions dans la nature. Ce n'est qu'un conte de fées pour touristes, ça n'arrive jamais.

— Ça arrive, je l'ai lu…

— Ça ne marche presque jamais.

Il ébouriffa les cheveux de sa fille.

— Écoute, ma chérie. Ne t'en fais pas pour Charlie. Il nous apportera les plus grosses recettes que cette ferme a jamais eues, et ce n'est pas aujourd'hui qu'on le vendra, loin de là.

Puis soudain, il changea de ton et planta son regard dans le sien.

— Tu veux qu'on fasse l'école buissonnière ?

John maintenant à moto et Mia à bord d'un side-car passèrent le portail qui marquait l'entrée de la ferme.

Mia se mit à sourire tandis qu'ils étaient ballottés sur les chemins d'une grande réserve enchanteresse. Une rivière coulait à travers de vastes étendues où erraient des troupeaux d'antilopes et de girafes… Ils s'arrêtèrent pour contempler un hippopotame.

John était ému de parler avec Mia. Ça faisait longtemps qu'ils n'avaient pas eu un tel moment d'intimité père-fille.

— Quand j'étais petit, ton grand-père m'emmenait déjà ici sur cette vieille moto.

Il lança l'engin dans la plaine. Ils hurlèrent, levant les bras comme s'ils étaient sur les montagnes russes d'une fête foraine.

5

Mia préparait ses bagages pour partir faire un stage de foot. Charlie la regardait jeter ses vêtements dans une valise, inquiet. Il était mal à l'aise et Mia le sentait.

— On se revoit dans deux semaines, d'accord ? Tu vas aller dans l'enclos avec tes copains, tu vas t'amuser.

Le klaxon de la voiture retentit. Mia fit rapidement un selfie d'elle avec Charlie et effaça celui avec Daniel sur son téléphone pour le remplacer par celui-là.

John l'attendait dans le 4 × 4.

Mia sortit de la maison et voulut monter dans le véhicule, mais Charlie avait l'air si triste qu'elle s'arrêta pour lui faire un câlin. Puis, elle demanda à Kevin de s'en occuper, mais le lionceau grogna et lui donna un coup de patte. Ses griffes lacérèrent le bras du régisseur. Mia le gronda :

— T'es fou ? Qu'est-ce qui te prend ?

John sauta de la jeep et demanda à Mick, non loin de là, de lui donner une laisse.

Kevin tenta de minimiser l'incident, mais John était inflexible.

— Papa, tout va bien, tenta Mia.

— Ça suffit, Mia. Ça va trop loin. Monte dans la voiture.

Tenant fortement le lionceau qui se débattait, John l'entrava et tendit la longe à Kevin.

Tandis que le 4x4 démarrait, Mia se retourna et fixa tristement Charlie qui tirait sur sa laisse en gémissant, jusqu'à ce que son image ne soit plus qu'un petit point au loin.

Le stage de Mia ne se passait pas bien. Elle adorait le foot, c'était une véritable passion, mais cette fois-ci elle n'en profitait pas. Son cœur avait changé d'objet. La tête ailleurs, elle laissait passer tous les ballons et son entraîneur, furieux, finit par la sortir du terrain.

Lorsque vint le soir et que tous les élèves peu à peu s'endormirent dans le dortoir, elle resta éveillée, regardant avec nostalgie son selfie avec Charlie. Il s'agissait de bien plus qu'une simple amitié. Il lui était devenu indispensable. Elle ne pouvait plus vivre sans lui.

À quelques kilomètres de là, dans la ferme des Owen, Charlie n'était pas dans un meilleur état. Apathique, il ne jouait pas avec les autres lionceaux. Assis contre le vantail, il attendait.

Alice traversa la cour avec Mick pour retrouver John parlant avec Kevin devant l'enclos des petits.

— C'était quand son dernier repas ?

— Hier matin. Et il a arrêté de se lécher. Il tape sans arrêt contre le portail.

La situation devenait préoccupante. Chacun tentait de proposer une solution. Alice par exemple suggéra de le nourrir à la becquée, mais il était inapprochable. John envisagea de le présenter à une lionne pour qu'il tète, mais Kevin répondit qu'il était trop grand.

Il était couvert de blessures, car il ne se défendait plus dans les jeux. Amaigri, sale, inactif, Charlie se laissait clairement mourir. Kevin lui-même n'avait pas d'explication. Hormis le fait que les lions blancs étaient particulièrement sensibles, il ne comprenait pas l'attitude de Charlie.

C'est alors que Mick, d'une petite voix, intervint :

— Peut-être que Mia lui manque ?

Mais son père, pour qui cette explication était ridicule, le rembarra :

— Ne sois pas bête, Mick !...

Mick ne réagit pas mais il était blessé. Il se réfugia dans les bras de sa mère. Il aurait tellement voulu avoir un jour l'assentiment de John. Il sentait bien qu'il n'était pas à la hauteur, qu'il le décevait en permanence, qu'il n'était pas le garçon dont John avait rêvé.

Et pourtant c'était bien lui qui avait raison. Charlie était tout simplement en train de mourir d'amour. Lui non plus ne pouvait pas vivre sans Mia.

Mia devait trouver une solution. Elle avait l'impression que Charlie l'appelait, qu'il avait besoin d'elle.

Elle profita d'une excursion au musée pour s'enfuir.

Alors que les autres enfants écoutaient l'histoire de l'apartheid, ce système politique raciste en Afrique du Sud qui consistait à opprimer les personnes noires et à supprimer tous leurs droits, Mia était assise à l'ecart, perdue dans ses pensées. Elle dessinait sur le sol une tête de lion à l'aide d'une craie.

Tout à coup, ce fut clair. Elle se leva, prit garde que les accompagnateurs ne la voient pas et s'échappa. Peu lui importait la distance, la nuit, les dangers, elle devait rejoindre, Charlie et elle devait le faire maintenant.

Elle se retrouva sur la route, à attendre qu'une voiture la prenne en stop.

Au petit matin, à la ferme, un coup de fil sortit Alice du lit. En quelques minutes, ce fut la panique dans la maison. John et Alice venaient d'apprendre que Mia s'était enfuie.

Rapidement habillés, ils s'apprêtaient à partir lorsque Kevin les intercepta.

— Attendez. Venez voir ça.

— Plus tard. Mia a fugué, on doit la retrouver.

— Je vous parle de Mia ! Elle est là. C'est incroyable.

Leurs regards se posèrent un instant sur Kevin puis ils coururent derrière lui. Une fois arrivés devant l'enclos, ils s'arrêtèrent net dans leur élan.

Ce qui était incroyable n'était pas tant le fait que Mia soit rentrée seule mais ce qu'elle était en train de faire.

Assise par terre, elle donnait le biberon à un Charlie abandonné dans ses bras comme un bébé et qui tétait goulûment. Mia lui parlait tendrement :

— Tout va bien. Je suis revenue… et je ne te quitterai plus jamais, je te le promets.

Alice s'approcha doucement et vint s'accroupir à côté d'elle.

— Mia, où étais-tu ?

Mia, furieuse de l'état dans lequel elle avait trouvé Charlie, répliqua vivement :

— Ce n'est pas la question ! Qu'est-ce qui s'est passé ? Pourquoi il est comme ça ?

Rassasié, Charlie s'endormit dans ses bras.

Alice ne sut pas quoi répondre à sa fille.

John resta là, immobile, il contemplait cette scène surréaliste. Mick avait raison. Charlie n'allait pas bien parce que Mia lui manquait. Le lien qui les unissait était décidément hors-norme et la situation l'inquiétait. Il avait vécu toute sa vie avec des lions et jamais personne n'était devenu ami avec l'un d'eux. C'était impossible.

6

Malgré les inquiétudes de John, les mois avaient filé et les liens entre Mia et Charlie n'avaient cessé de se resserrer. Hormis les moments où elle était à l'école, ils passaient tout leur temps ensemble.

Charlie avait maintenant un an. C'était un fauve de belle taille, bien plus grand, bien plus imposant et bien plus puissant que le plus massif des chiens. D'un blanc immaculé, il attirait, comme prévu, énormément de touristes. Il était devenu l'atout majeur de la ferme. Les curieux se pressaient autour de son enclos pour le prendre en photo.

Ce jour-là, comme toujours, Kevin se chargea de conter aux visiteurs l'histoire de sa particularité :

— Les lions blancs ne sont pas une espèce à part et ne sont pas non plus albinos ; ils ont simplement un code génétique dans lequel il y a un manque de mélanine qui porte le nom de leucistisme. Ils sont extrêmement rares et n'existaient plus que dans les fermes d'élevage. Dans la nature ils avaient disparu. Charlie est un exemplaire unique de sa réapparition spontanée.

Une fois que les touristes eurent fini leur visite, Mia se glissa dans l'enclos de Charlie et se mit à jouer avec lui. Ils se roulaient ensemble dans la poussière. Charlie mordillait la fillette sans jamais lui faire mal et Mia l'ébouriffait comme s'il s'agissait d'un chaton. Excepté le fait que le chaton pesait une centaine de kilos et pouvait déjà tuer une proie d'un coup de dent.

Jodie, qui passait l'aspirateur dans la maison, s'arrêta un instant et, depuis la fenêtre de l'étage, contempla Mia et Charlie.

Comme John, elle avait toujours vécu en Afrique, elle aussi connaissait bien les lions, alors pour elle aussi la relation que Mia entretenait avec Charlie n'était pas viable. Elle fit part de ses impressions à Mick, qui lui n'était pas du tout d'accord avec elle. Il avait un regard d'enfant, elle avait un regard rigide.

— Elle est folle. Elle sait pas ce qu'elle fait.

— Non, Jodie, c'est une magicienne, une fée.

Trevor le suricate lorgnait l'aspirateur avec envie. C'était son péché mignon.

— Vous êtes tous les deux dérangés. Ce lion va finir par la manger.

Tout à coup, l'embout de l'aspirateur vint se coller dans le dos de Jodie. Trevor n'avait pas pu résister. Il avait allumé

l'appareil dont le tuyau était parti dans tous les sens. Jodie cria en s'enfuyant de la pièce et Mick rit aux éclats.

John était déprimé. Affalé dans le canapé il passait des coups de fil pour essayer de vendre plus de lions. Il avait besoin d'argent et venait d'apprendre qu'il devait encore attendre huit semaines avant de pouvoir accueillir des clients dans le lodge alors que celui-ci était enfin fini.

Il prit la télécommande de la télé, mais quand il la pointa vers l'écran pour l'allumer il eut un choc. La télé avait disparu. Il regarda au sol et vit qu'elle gisait par terre en mille morceaux. Il suivit à la trace les débris comme un détective jusqu'à l'extérieur de la pièce. Là, il entendit un bruit qui venait du placard à balais. Il ouvrit précipitamment la porte et découvrit Jodie,

cachée, terrorisée, qui tenait le couvercle d'une marmite comme un bouclier.

Il ne comprenait rien à cette situation ubuesque.

— Mais qu'est-ce que c'est que ce cirque ?

Jodie ne put répondre et montra du doigt la table de la salle à manger. Charlie, monstrueusement grand, était monté dessus et dévorait à même le plat le ragoût que Jodie avait préparé.

Furieux, John appela Mia en hurlant. Celle-ci surgit en courant :

— C'est bon, papa, je gère.

— Tu gères rien du tout ! Il a bouffé la télé. Il est trop âgé maintenant pour être dans la maison ! Je te l'ai déjà dit. Il doit rester dans l'enclos avec les autres.

Sentant la mauvaise humeur de son père, Mia ne répondit rien et s'empressa d'entraîner Charlie hors de la pièce.

Alertés par les cris, Alice et Mick étaient arrivés dans la salle à manger. Ils assistèrent à la fin de la scène. Mick, que l'altercation avait beaucoup stressé, était repris par ses tics et tapotait nerveusement avec ses doigts sur la table.

John lui couvrit brusquement la main.

— Tu arrêtes maintenant.

Alice répliqua qu'il ne pouvait s'en empêcher, mais John ne comprenait pas ces choses-là. Les problèmes psychologiques étaient quelque chose qu'il n'envisageait pas. Quand on voulait, on pouvait.

— Tu peux y arriver si tu veux. N'est-ce pas, Mick ?

Mick hocha la tête, pour faire plaisir à son père. Mais l'effort qu'il fit pour s'arrêter s'affichait déjà sur son visage.

7

Après l'incident, Mia était montée dans sa chambre. Assise à son ordinateur, elle regardait un documentaire sur les grands fauves. Elle se renseignait sur les Shangaans, leurs coutumes, les liens qu'ils entretenaient avec les lions blancs.

La sonnerie de Skype retentit. C'était Daniel. Elle refusa l'appel. Il faisait partie de son passé. Puis elle se replongea dans ses recherches jusqu'à ce que des cris venant de l'extérieur la fassent bondir sur ses pieds.

Elle dévala les marches et se fraya un chemin à travers la foule rassemblée autour de l'enclos de Charlie.

Une jeune stagiaire dégoulinait de sang et deux autres prenaient soin d'elle. Mia chercha immédiatement Charlie du regard. Il était tout à fait calme, il allait bien. Il était ravi de la voir et elle fut rassurée.

— Qu'est-ce que vous faites avec Charlie ? Qu'est-ce qui s'est passé ?

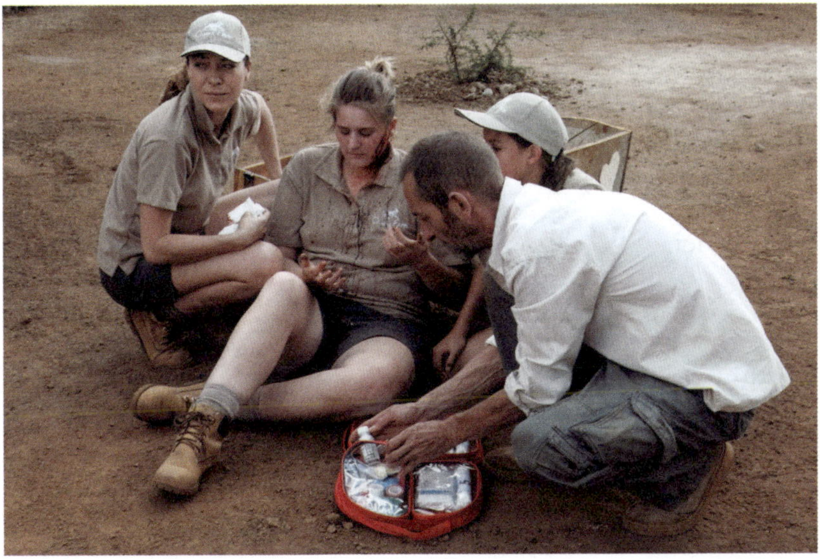

Kevin lui répondit, gêné :

— Elle t'a vue jouer avec Charlie. Alors elle a voulu faire comme toi pour amuser les visiteurs. Et il l'a l'attaquée.

John arriva à son tour et tenta de minimiser l'accident. Si les touristes s'effrayaient et ne venaient plus voir Charlie, ce serait une catastrophe.

— Ne vous inquiétez pas. Il y a eu plus de peur que de mal. Tout va rentrer dans l'ordre. Il n'y a rien à voir par ici, les gars, rien qu'une égratignure.

Mais Mia ne l'entendait pas de cette oreille. Si Charlie avait attaqué la fille, c'était forcément parce qu'il y avait eu un problème, qu'il s'était senti menacé. Et elle n'aimait pas ça. Alors elle intervint :

— Il faut le laisser tranquille, papa, lui donner de l'espace. Il ne supporte pas tous ces gens autour de lui !

— Va falloir qu'il s'habitue. C'est pas une œuvre de bienfaisance ici.

— C'est tout ce qui t'intéresse, hein ? Le fric ! Le business ! Ce sont des êtres vivants… Tu peux pas les traiter comme de la marchandise fabriquée dans une usine !

John jeta un regard aux touristes qui les scrutaient avec étonnement. Il prit sa fille par le bras et la força à rentrer dans la maison. Il claqua la porte et la fixa dans les yeux.

— Je t'interdis de me parler comme ça devant les visiteurs, tu m'entends ? La seule façon d'aider ces bêtes que tu aimes tant, c'est de faire fonctionner la ferme comme une vraie entreprise. Et toi et ce lion, vous allez sacrément y contribuer ! Monte dans ta chambre.

Mia n'avait jamais vu son père aussi en colère. Dès qu'il eut lâché son bras, elle partit en courant dans l'escalier.

Partie 3

1

John, assis à son bureau, consultait la pile de factures nouvellement arrivées. Il les laissait tomber l'une après l'autre, alimentant le tas énorme qui jonchait déjà le sol. Il se prit la tête entre les mains. Leur situation financière s'aggravait de jour en jour ; il fallait un miracle pour qu'il s'en sorte.

Alors qu'il était tourmenté par ses démons, Alice entra. Ignorant les soucis de son mari, elle vint jeter de l'huile sur le feu en lui présentant de nouvelles factures – des factures urgentes, ajouta-t-elle : des canapés hors de prix qu'elle venait d'acheter pour le lodge qui n'avait même pas d'agrément.

Elle le serra amoureusement avec un sourire désarmant.

Tous les deux enlacés observaient par la fenêtre l'enclos des lions dans lequel Charlie sautait et griffait un vieux pneu que Mia traînait derrière elle.

Alice sourit :

— Regarde-les, John…

Il soupira.

— J'ai passé ma vie au milieu des fauves… Ils ne seront jamais nos amis, Alice.

Alice tourna à nouveau son attention vers Mia et hocha la tête quand un son assourdissant de hip-hop arriva de l'extérieur tandis qu'un 4x4 Mercedes noir freinait, faisant crisser ses pneus dans l'allée. En reconnaissant l'individu dans la voiture, Alice émit une sorte de gémissement désapprobateur :

— Et ne pas compter Dirk parmi tes amis, c'est de l'ordre du possible ?

John lui sourit alors que Dirk s'extrayait du Classe G comme un cow-boy. C'était un homme petit, râblé, à la mâchoire carrée. Sa barbe mal rasée et ses cheveux bruns retenus par un catogan lui donnaient un air de brigand que son timbre ne démentait pas. Il mastiquait un chewing-gum bouche ouverte de façon vulgaire tout en s'avançant vers eux les mains sur les hanches, très sûr de lui.

John et Alice descendirent les marches pour venir à sa rencontre. Dirk leva les bras au ciel en contemplant Alice.

— Oh mon Dieu, cette femme est de plus en plus belle.

— Arrête ça.

Dirk l'enlaça de manière un peu trop serrée. Alice, dégoûtée, écourta l'étreinte en lui écartant les mains.

— Bonjour et au revoir, Beurk.

Puis elle s'éloigna rapidement. Dirk ne prêta pas attention à l'insulte et détailla Alice comme un renard regarde une poule tandis qu'elle traversait la cour.

— Tu dois me trouver une Française, John. Vraiment, il m'en faut une rien qu'à moi.

John tenta de détourner Dirk d'Alice, mais en vain :

— Dirk, c'est ma femme que tu mates, là.

— Prends-le comme un compliment. Elle est tellement…

— Stop, j'ai compris.

Dirk et John se connaissaient depuis l'enfance, comme tous les gars qui avaient grandi dans le coin. Ils étaient allés dans la même école, avaient fréquenté les mêmes filles, les mêmes bars, les mêmes passe-temps. Ils se connaissaient par cœur. Mais un jour, John avait changé de direction et Dirk s'était enfoncé dans la sienne : celle des Afrikaners.

Il lança son bras autour du cou de John.

— Merci de m'avoir envoyé des clients… Mais qu'est-ce qui t'arrive, vieux frère ? Tu n'appelles pas, tu ne viens pas…

John ne voulait plus de cette vie-là. Il avait tourné la page en partant pour l'Angleterre. Et lorsqu'ils étaient rentrés en Afrique du Sud, il avait promis à Alice de ne pas renouer avec ses anciennes relations, de ne pas replonger. C'est à cette condition qu'elle avait accepté cette installation en plein bush.

— Je t'ai dit, on ne fait plus ce genre de boulot. Je ne fais plus ce que faisait papa. J'ai changé le mode de fonctionnement de la ferme.

— Sois pas idiot, j'ai besoin de toi… Tu es lourdement endetté. Je te payerai davantage.

— C'est pas une question d'argent, je l'ai promis à Alice.

Dirk le dévisagea. Il ne reconnaissait pas son copain.

— Qu'est-ce qui cloche, mon vieux frère ?

— Dirk, n'insiste pas.

— C'est bon. C'est bon… Mais qui dit qu'elle doit être dans la confidence ?

John avait envie que cette conversation s'arrête. Il savait que Dirk ne le lâcherait pas et il ne voulait pas lui céder, alors il lui indiqua la sortie.

— Salut, Dirk.

Dirk s'inclina.

— OK… Mais tu as mon numéro. Si tu changes d'avis, tu m'appelles ! À très bientôt, ajouta-t-il avec un sourire mielleux.

Il était sûr que John le contacterait tôt ou tard.

Il remonta dans la Mercedes et partit en trombe dans l'allée.

2

Les mois avaient passé et Charlie commençait à avoir une petite crinière. Il était encore plus fort, encore plus puissant qu'avant et personne maintenant ne se risquait plus à l'approcher, excepté Mia bien sûr. Cependant, rien de grave n'était arrivé et ses parents n'osaient pas lui interdire de le voir, car elle aurait été trop malheureuse.

Mia entrait dans l'adolescence. Son visage et son corps se transformaient imperceptiblement. Elle ressemblait de plus en plus à sa mère même si elle n'en avait pas encore la féminité. Ses cheveux blonds ondulaient le long de son dos et sa silhouette musclée lui donnait la grâce d'un félin. Elle avait conservé cette profondeur dans le regard qu'elle avait depuis l'enfance et qui la rendait plus belle que toutes les autres.

Elle aimait sortir Charlie de son enclos même si elle était consciente qu'elle devait le faire lorsqu'il n'y avait personne et que l'environnement était « sécurisé ». Cette fois-ci, elle l'avait mis dans la cour de la ferme et s'était enfermée avec lui dans un cercle formé par des ballots de paille. Elle lisait un livre la tête posée contre le ventre de l'animal quand la voiture d'Alice arriva.

Alice rejoignit sa fille aux abords du périmètre. Elle fronça les sourcils, car elle n'aimait pas voir Mia et le félin ensemble.

— Ça va, ma chérie ?

Mais avant que Mia ne réponde, elle remarqua les profondes éraflures sur ses bras.

— Oh mon Dieu ! C'est Charlie qui t'a fait ça ?

Mia redescendit ses manches.

— C'est rien. Il a pas fait exprès, il ne maîtrise pas encore bien ses griffes.

Alice était préoccupée.

— Mia, il est trop grand maintenant pour jouer comme avant. Tu sais ce que papa t'a dit : il faut toujours se tenir debout, les bras hors de portée.

— Maman, il est OK, je le contrôle.

— C'est pas seulement papa qui dit ça, Kevin aussi le dit. Tu ne dois pas te baisser à son niveau, il pensera que tu es une proie.

Mia secoua la tête d'un air mutin et commença à reculer tout en lui parlant.

— Papa et Kevin n'y connaissent rien. Toutes ces règles, maman, tu crois que je ne les connais pas ? Ne jamais regarder un lion dans les yeux, ne jamais lui tourner le dos, ne jamais le laisser nous sauter dessus… Tout ça, c'est pour des animaux qu'on ne connaît pas.

À mesure qu'elle discourait, Mia continuait de reculer. De fait, elle s'approchait de plus en plus de Charlie. Pour montrer à sa mère combien elle avait confiance en son lion, et pour la provoquer un petit peu aussi elle écarta les bras, offerte aux griffes acérées. Le cœur d'Alice battait à tout rompre, elle ne savait comment réagir.

Et soudain, Charlie bondit sur Mia et la fit tomber au sol.

Alice hurla en se cachant le visage.

— Mia !

Mais quelques secondes plus tard, Mia réapparut sous Charlie, riant et roulant avec le fauve sur le côté.

Alice soupira de soulagement.

John sortit à ce moment-là et lança :

— Mia, rentre-le dans son enclos. Les filles, allez vous préparer.

— Nous préparer pour quoi ?

Mia et sa mère se regardèrent, étonnées.

— Je vous emmène au restaurant !

— En quel honneur ?

Ce genre de sortie n'était pas si fréquent dans leur nouvelle vie.

— Vous verrez, dit-il avec un sourire mystérieux. Allez, allez.

Elles partirent en courant.

Une demi-heure plus tard, Mia, Mick et Alice émergèrent de la maison pour rejoindre John qui les attendait dans la voiture.

Mia en redescendit pour faire un dernier bisou à Charlie, puis, pressée par un coup de klaxon de son père, referma rapidement la porte de son enclos et se rua vers la jeep.

Alice lança un regard à son mari.

— Ça va, chéri, je suis bien comme ça ?

— Comme toujours, ma belle.

Mia contempla aussi sa mère. Sa peau étincelait à la lumière du crépuscule. En changeant simplement de chaussures et en jetant une écharpe en soie autour de son cou, elle avait transformé en un rien de temps ses vêtements ordinaires en une tenue élégante.

À l'arrière, Mick se mit soudain à dévisager sa sœur. Mia, gênée, s'emporta :

— Qu'est-ce que t'as à me mater ?

— Je te reconnais plus, là, tu as fait quelque chose.

— Fiche-moi la paix.

Mick continua de la scruter puis il s'exclama :

— T'as mis du maquillage !

Alice se retourna pour regarder aussi Mia et, en effet, celle-ci s'était légèrement maquillé les yeux. Autre nouveauté, elle portait une paire de petites boucles d'oreilles. C'était un minuscule pas vers la féminité, mais un pas de géant pour Mia. Alice la complimenta.

— Ma chérie, tu es superbe…

Mia ne savait plus où se mettre. Mi-gênée mi-flattée, elle dit en riant :

— Allez, c'est bon, vous êtes relou, occupez-vous de vos fesses.

John et Mick éclatèrent d'un grand rire tandis qu'Alice posait sa main sur la jambe de son mari, et que la jeep traçait son chemin dans l'allée.

Derrière eux, Charlie regardait les feux arrière de la voiture disparaître au loin quand il s'aperçut en la poussant du museau que la porte de l'enclos n'était pas correctement fermée. Elle battait lentement sur ses gonds.

Mia, dans la précipitation du départ, n'avait pas pris garde à vérifier que le verrou était bien enclenché.

Charlie pouvait sortir à tout moment.

Toute la famille était assise à une table sur la terrasse d'un restaurant. Les serveurs disposaient des assiettes fumantes devant chacun.

La soirée était très agréable. Cela faisait très longtemps qu'ils ne s'étaient pas retrouvés tous ensemble, détendus, juste pour le plaisir et ils profitaient de ce moment de bonheur simple et partagé.

John posa sa main sur celle d'Alice et lui dit avec une pointe de nostalgie :

— Tu te souviens de cet endroit ?

— Comment l'oublier ?

Mick et Mia regardaient leurs parents. Ils avaient l'air tellement heureux ce soir.

John se tourna vers eux :

— C'est ici que j'ai emmené votre maman la première fois qu'elle est venue en Afrique du Sud.

Alice sourit à cette évocation.

— Dis-nous maintenant pourquoi tu nous as emmenés dans cet endroit si… si spécial.

— OK… Je voulais qu'on soit tous ensemble ce soir… parce que, pour la première fois depuis notre retour… ça a été très dur, mais nous avons vendu assez de lions pour avoir plus de recettes que de dépenses !

Il tourna la tête vers Alice :

— Je pense vraiment qu'on vient de franchir un cap…

Les enfants ne comprirent pas tout ce qui se passait, mais ils virent que leurs parents paraissaient heureux et soulagés, alors ils furent contents eux aussi.

Les débuts à la ferme avaient été très difficiles. John avait cru plusieurs fois ne pas y arriver. Au fil des mois, il s'en était un peu ouvert à Alice, juste le minimum, juste assez pour qu'elle soit préparée si jamais ils devaient à nouveau déménager. Mais aujourd'hui, près de deux ans après, il avait trouvé les solutions pour renflouer les caisses et il pouvait enfin respirer. Ces solutions, il s'en rendrait compte plus tard, n'avaient pas été forcément les meilleures mais pour le moment, il pensait n'avoir pas eu d'autre choix.

Ils trinquèrent à cette bonne nouvelle. Puis il prit la main d'Alice.

— Je sais que ça a été difficile pour toi de revenir ici…

Mia réalisa qu'elle ignorait pourquoi ils avaient déménagé en Angleterre.

— Pourquoi vous êtes partis pour Londres ?

Alice et John se regardèrent, gênés. Devaient-ils répondre ? Et si oui, quelle réponse était la plus appropriée? Le sujet était très sensible.

John choisit de balayer la question :

— Votre grand-père s'occupait mal de la ferme. Ce qui compte maintenant, c'est que votre mère a donné une deuxième chance à l'Afrique.

Il sortit un écrin en velours de sa poche et le tendit à Alice, qui le dévisagea, ouvrit le coffret et découvrit un collier.

Tous regardèrent le bijou sans rien dire. John, étonné, demanda à avoir une réaction.

Mia explosa de rire :

— C'est le collier le plus moche que j'aie jamais vu !

Tous l'imitèrent alors et Mick enchaîna :

— Ils le vendent, ou ils le donnent ?

John riait aussi sans comprendre. Était-ce vraiment si laid ? Il n'avait jamais eu un grand sens esthétique. Alice lui tapota la main.

— Ça vient de toi et c'est tout ce qui compte.

3

La jeep pénétra dans l'exploitation. L'allée était longue pour atteindre la maison.

Alice et John se regardaient tendrement et souriaient. Mick et Mia les écoutaient discuter depuis le siège arrière.

Ils étaient surpris de les voir un peu éméchés et tellement différents de ce qu'ils étaient à la ferme.

Mia eut envie d'en savoir davantage sur eux.

— Comment vous vous êtes rencontrés ?

Et, comme s'ils n'attendaient qu'une étincelle pour se livrer, les deux adultes redevenus adolescents se replongèrent dans leur histoire d'amour. Leur magnifique histoire d'amour.

— J'étudiais le design dans une fac à Paris et je m'ennuyais à mourir. Et là, votre père est arrivé. Toutes les filles étaient folles de lui. Un Sud-Africain, beau gosse, ayant vécu au milieu des lions, seul en France, très sûr de lui, très exotique…

— Je n'avais d'yeux que pour votre mère. Sa beauté… sa fragilité…

— J'étais maigrichonne et quelconque !

— Fascinante et distinguée…

— Maladroite. Mal dans ma peau.

— Géniale et émouvante.

— Il m'a éblouie.

— Je l'ai immédiatement aimée.

John brisa ce moment de nostalgie et s'adressa à ses enfants d'un air joyeux :

— Qui est la meilleure maman ?

Ils répondirent en chœur

— Maman !!!

La jeep sautillait maintenant dans l'allée et, au moment de tourner pour pénétrer dans la cour, les phares balayèrent l'enclos de Charlie… qui était vide !

Alice s'écria :

— Il a disparu !

John, furieux, prit un ton glacial :

— Rentre avec les enfants, et appelle Kevin.

Mia, mi-paniquée mi-désolée, proposa à son père de l'aider, mais celui-ci la rembarra :

— T'en as déjà assez fait !

— Papa, s'il te plaît.

— C'est pas un animal de compagnie, quand vas-tu comprendre ça ?!! Il vaut une fortune et on ne peut pas risquer de le perdre ! Maintenant, rentre.

Mia, la tête basse, retourna vers la maison, tandis que des lumières de lampes de poche perçaient l'obscurité et qu'on entendait différentes voix appeler Charlie.

Mick regarda à travers les rideaux de sa chambre et vit Mia se déplacer furtivement dans la cour. Encouragé par sa témérité, il décida de la suivre.

Lorsque Mia eut atteint la clôture extérieure de la ferme, elle tomba sur un portail impossible à ouvrir. Elle ne pouvait pas entrer dans la réserve. C'est à ce moment que Mick la rejoignit.

— Mais qu'est-ce que tu fais là ?

— Je peux aider.

— Non, tu ne peux pas. Ils ont posé un nouveau cadenas. C'est mort. Allez, rentre.

Et elle commença à escalader la grille.

Mick rit et lui dit de redescendre ; puis il siffla entre ses doigts.

— Tu fais quoi, là ?

Mais Mick ne répondit pas et mit ses mains en porte-voix pour appeler :

— Henri ! Henri !

Quelques minutes plus tard, sous les yeux ébahis de Mia, un énorme éléphant surgit de l'obscurité.

De son pas de pachyderme, il se dirigea lentement vers la clôture et, aussi facilement qu'il aurait déchiré une toile d'araignée, sans même s'arrêter, il défonça la porte.

— Merci, Henri.

Mick courut vers la réserve et se retourna vers Mia, immobile, hébétée. Son expression semblait dire : « T'attends quoi, là, andouille ? »

Puis elle regarda son frère et sourit en secouant la tête.

— T'es vraiment incroyable.

Ils partirent tous les deux à toute allure dans le bush.

Bientôt, une tache blanche apparut au loin. C'était Charlie. Il s'avançait vers eux, la gueule couverte de sang.

Mia se précipita sur lui. Que lui était-il arrivé ? Elle était très inquiète.

Mais alors qu'elle se penchait sur lui pour voir s'il était blessé, elle constata qu'il avait quelque chose dans la bouche.

Soudain, les deux enfants furent éblouis par le faisceau de la lampe de poche de Kevin.

— Qu'est-ce que vous faites ici ?! Il a attrapé quelque chose ?

Mia lui répondit, bouleversée :

— Non, Kevin, il a sauvé quelque chose.

Kevin, éberlué, s'approcha et découvrit un bébé mangouste blessé que Charlie avait apporté à Mia pour qu'elle le protège. C'était tout simplement incroyable et Kevin n'avait pas les mots pour décrire son étonnement. Cette attitude était totalement contre nature. Il n'avait jamais vu ça.

Mia continua :

— Je te l'avais dit, Kev. Il n'est pas comme les autres lions.

Tout à coup, ce moment de grâce fut brisé par des bruits de voix. Kevin s'affola et voulut protéger les enfants qui se seraient certainement fait gronder par John.

— Allez, partez d'ici, tous les deux. Vite… Avant que votre père ne vous voie.

Mick prit la mangouste dans ses bras.

— Je vais la soigner.

Puis Mia attrapa la main de son frère et ils disparurent dans la nuit.

4

Les yeux de Mia scintillaient dans la lumière de l'été. Pendant l'année qui s'était écoulée, son visage et son corps avaient changé et laissaient deviner la jeune femme qu'elle deviendrait un jour. Mia venait d'avoir treize ans.

Charlie, écrasé par la chaleur, faisait une sieste à ses côtés. Il avait beaucoup grandi lui aussi. À deux ans, une petite crinière ornait déjà son cou.

Mia était en train de finir ses devoirs lorsqu'elle aperçut au loin le véhicule de son père qui se dirigeait vers la ferme. Elle paniqua. Quelle heure était-il pour que John arrive ? Elle savait qu'il n'aimait pas qu'elle soit dans l'enclos avec le félin. Normalement, elle faisait toujours attention à l'heure, mais là, elle s'était laissé surprendre par le temps.

Elle se releva précipitamment, fourra ses cahiers dans son sac et s'apprêtait à sortir de l'enclos quand elle tomba nez à

nez avec une voiture télécommandée à l'arrière de laquelle une poule était installée ! Mick, quinze ans à présent, accourut avec la télécommande. Il la taquina :

— Tu sais que les parents ne veulent plus que tu entres là-dedans, Mia.

— Oui, je sais. Papa arrive… Tu lui dis rien, hein !

Mick hocha la tête, complice.

Mia sortit de l'enclos juste à temps, la jeep de son père entrant alors dans la cour.

John se dirigea vers eux et les regarda d'un air soupçonneux. Mia avait encore de la paille dans les cheveux.

— Qu'est-ce que vous faites, tous les deux ?

C'est Mick qui répondit, vaguement hésitant en montrant sa télécommande :

— Heu… On joue avec ma voiture.

John les fixa un moment puis pivota vers la maison. Les enfants poussèrent un soupir de soulagement.

Un après-midi, alors que la ferme était tranquille et que Charlie somnolait dans son enclos, Mia s'affairait avec ardeur autour d'une vieille voiture parquée dans un hangar dans le fond de la cour. Elle en ouvrait les portières et éparpillait des morceaux de viande tout autour ainsi qu'à l'intérieur.

Puis, elle se dirigea vers l'enclos du lion et, grâce à quelques bouts de poulet, l'incita à la suivre.

— Viens, Charlie.

Charlie ne suivait pas Mia comme un chien. Il n'était pas apprivoisé. Elle avait simplement appris à le connaître comme on apprend à connaître quelqu'un, sans a priori.

Elle le conduisit jusqu'au véhicule où il s'empressa de manger les uns après les autres les morceaux de viande que Mia avait disséminés.

Mia s'installa au volant et bientôt Charlie grimpa sur la banquette arrière. Elle poussa un cri de victoire. Son plan avait fonctionné. Elle voulait entraîner Charlie à monter dans la voiture pour pouvoir l'emmener partout avec elle.

À quelques mètres de là, Mick, qui les regardait fasciné depuis une fenêtre du hangar, dit en riant :

— Quand je pense que c'est moi qui vois un psychologue !

Mia rit. La situation avait de quoi choquer. Une toute jeune fille d'une trentaine de kilos s'amusait avec un animal sauvage qui pesait cinq fois son poids et qui aurait pu la tuer en un coup de dent s'il l'avait souhaité. Mais Mia était persuadée que ça n'arriverait jamais. Charlie et elle avaient grandi ensemble et c'est ce qui faisait toute la différence. Charlie approcha sa tête de celle de Mia, frottant son front contre le sien.

— Tu veux de la musique, Charlie ?

Elle alluma la radio, fit défiler les stations jusqu'à ce qu'elle en trouve une qui diffusait du hard rock. Mais ça ne sembla pas plaire au lion qui sortit de la voiture et sauta sur le capot. Il était si gros qu'il cachait entièrement le pare-brise.

— Tu n'aimes pas ? Tu veux autre chose ?

Elle tourna à nouveau les boutons quand un air d'opéra sortit des haut-parleurs.

Charlie tourna alors sa tête vers Mia et lui fit un câlin, ce qui amusa Mick :

— Ce lion a meilleur goût que toi !

Mia caressa Charlie.

— Traître !

Mia reconduisit Charlie dans son enclos et jouait avec lui quand elle aperçut Mick qui continuait de les regarder de loin. Alors, elle eut envie de partager avec lui ce qu'elle-même ressentait auprès du fauve, cette liberté, cette confiance. Elle savait que ses parents étaient contre. Mais pour l'instant, elle avait toujours eu raison, alors… Elle l'appela :

— Mick, viens. Tu peux me rejoindre si tu veux… Tu peux lui faire confiance. Il te connaît depuis qu'il est né. Il ne te fera pas de mal ! Le seul risque, c'est si toi tu as peur !

Mick hésita puis, bravant son appréhension, il poussa la porte de l'enclos et entra prudemment.

Charlie n'eut aucune mauvaise réaction, alors Mick s'enhardit, et, encouragé par sa sœur, il s'approcha de lui et le caressa.

Ce qu'il ressentit alors était indescriptible. Charlie lui transmettait sa force. Pour la première fois depuis longtemps, Mick se sentait bien.

Mia était heureuse et lui dit doucement :

— C'est super, Mick. Je suis fière de toi. Tu vois, pour lui, tu n'es pas une menace ni une proie, tu fais partie de son clan.

Mais soudain, Alice sortit de la maison et le charme se brisa. En quelques instants, la situation vira au cauchemar.

Paniquée de voir son fils si fragile au contact de ce lion gigantesque, elle se mit à hurler :

— Mick ! Mais qu'est-ce que vous faites ? Mia, tu es folle ! John !!!

La tension monta tout de suite. Effrayé par les cris d'Alice, Charlie commença à s'agiter et maintenant il présentait un danger. Mia essayait de le maîtriser, mais c'était très difficile.

John surgit enfin, armé d'un fusil qu'il pointa sur le lion.

— Mick, Mia, sortez de là. Immédiatement !!!

Les hurlements rendaient Charlie complètement fou et il était très menaçant à présent.

Mick paniqua à son tour, recula en trébuchant, ouvrit maladroitement la porte et chuta en arrière sur des pierres qui le blessèrent sérieusement.

Tout le monde criait maintenant. Mia le suivit et referma la porte juste au moment où Charlie se ruait dessus.

L'ambiance était très lourde dans le salon de la famille Owen. Mick, allongé sur les genoux de sa mère, se faisait soigner par un médecin qui entourait précautionneusement sa tête de bandages.

John, très nerveux, faisait les cent pas dans le fond de la pièce, jetant de temps en temps des coups d'œil à la scène.

Mia, prostrée, leur tournait le dos, tentant de retenir ses larmes.

Alice, la voix tremblante, s'adressa à sa fille :

— Tu as mis la vie de ton frère et la tienne en danger. Je t'interdis définitivement d'approcher ce lion. Je ne veux plus jamais te voir avec lui !

Mia ne supportait pas l'injustice et elle se révolta :

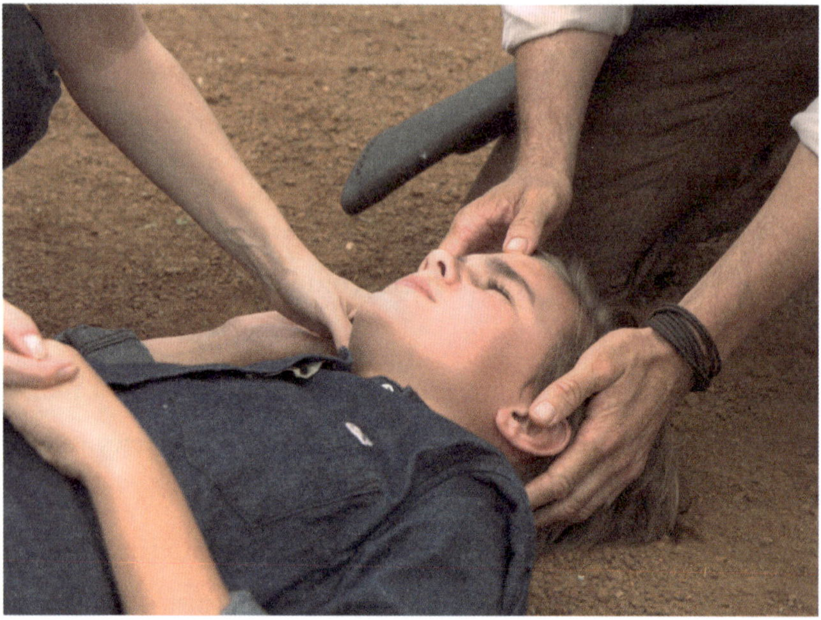

— Maman, tu dis n'importe quoi. C'était pas sa faute. C'est vous qui lui avez fait peur !

— Mais ça va pas ? Qu'est-ce que tu racontes ? Qu'est-ce qu'il te faut de plus ? Il a failli vous tuer !

— C'est pas vrai, maman, c'est pas vrai. Tout allait bien. Il a paniqué parce que vous…

Mais John ne lui laissa pas finir sa phrase, il intervint avec autorité :

— Stop, Mia. Tu es déjà allée beaucoup trop loin avec ce lion. On va s'en séparer.

Mia fondit en larmes. C'était impossible. Il ne pouvait pas lui faire ça. Elle supplia :

— Non, papa, je t'en prie, je ferai n'importe quoi…

Mais John était inflexible. Mia, ivre de douleur, s'enfuit.

Toujours allongé sur le canapé, un peu groggy par les médicaments, Mick savait bien, lui, ce qui s'était réellement passé. Et même s'il avait eu très peur, il s'était senti fort pour la première fois, et ça, il n'était pas près de l'oublier. Il intervint d'une voix faible :

— Elle a raison, maman.

Alice, bouleversée, murmura à son mari :

— Elle ne l'acceptera jamais. Tu t'en rends compte, ça va être insupportable pour elle…

John hocha la tête.

— Je sais…

5

Alice et John avaient pris le temps de réfléchir. Ils n'étaient pas prêts à se séparer de Charlie. D'une part, Mia était immensément attachée à lui et il aurait été cruel de l'en priver, d'autre part, il était le meilleur atout de la ferme et le vendre aurait fait perdre beaucoup d'argent à l'exploitation.

Mia était maintenant assise face à ses parents, s'apprêtant à entendre leur décision, la tête baissée.

C'est John qui lui parla. Il prit son ton le plus solennel :

— Nous n'allons pas vendre Charlie.

Mia poussa un soupir de soulagement.

— Mais, à partir d'aujourd'hui, ce lion reste dans son enclos, et toi tu n'y entres plus JAMAIS… C'est compris ?

La douleur se peignit sur le visage de Mia. Ne plus pouvoir toucher son lion, ne plus pouvoir le caresser, le câliner, était très difficile pour elle. C'était son ami.

Mais Alice insista :

— C'est ta dernière chance, Mia.

John reprit :

— Si tu nous désobéis encore une fois, je vends Charlie… JAMAIS PLUS PERSONNE N'ENTRERA CHEZ CHARLIE, MIA ! Mia ?

Mia acquiesça en silence. Elle savait que c'était fini. Elle comprenait qu'à la moindre erreur, Charlie serait vendu.

Elle se dirigea vers son enclos et colla sa tête contre la clôture. Charlie la rejoignit, pressant aussi sa tête contre celle de la jeune fille. Elle le caressa tendrement, le lion ronronnait, suivant le bras de Mia le long de la grille.

— Je sais que c'est pas ce que tu voulais. Un jour, je t'emmènerai à la réserve de la rivière Timbavati… Je ne sais pas encore comment, mais j'y arriverai, Charlie, je te le promets… Et tu seras libre.

Le lendemain matin, dès l'aube, Mia était assise sur la véranda, contemplant le soleil qui se levait. Elle n'avait pas bien dormi. Elle était triste et pensive.

John vint s'installer doucement près d'elle et la serra tout contre lui.

— Je t'aime, ma fille.

Mia posa sa tête sur l'épaule de son père.

Ces deux-là se ressemblaient profondément. Ils étaient faits du même bois, ce qui rendait leur relation très passionnelle. Mia était fâchée contre son père, mais elle l'aimait et, surtout, elle lui faisait confiance.

Partie 4

1

Un an plus tard.

À quatorze ans, Mia avait encore beaucoup changé. Elle était plus grande, plus dégingandée, et, bien qu'elle ne s'en rende pas compte, plus belle que jamais. Elle était en outre plus sûre d'elle, de ce qu'elle voulait, de ce qu'elle valait.

Il faut dire aussi qu'elle cachait depuis un an maintenant un immense secret qui l'avait fait mûrir.

Elle fouillait dans les rebuts du hangar de la cour à la recherche de trésors oubliés quand elle attrapa une vieille caméra. Elle la dépoussiéra et, en appuyant sur un bouton, elle fut surprise de la voir se mettre en marche. L'engin diffusa une ancienne vidéo.

Mia s'installa et la regarda avec un sourire. C'était ici, à la ferme, mais quinze ans plus tôt. Mick avait quinze mois. Il riait et jouait avec ses parents beaucoup plus jeunes tel un lionceau.

Cette scène de bonheur familial était charmante, pourtant Mia fronça les sourcils. Quelque chose chez ses parents, chez Mick, était différent. Ils semblaient tous si heureux, si insouciants, c'était étrange. À un moment, il y eut un gros plan sur Mick, comme s'il fixait sa sœur dans les yeux, et Mia comprit ce qui l'avait intriguée : Mick à cette époque était « normal ». Elle en était sûre maintenant. Mick n'avait pas toujours été comme aujourd'hui. Avant, il était joyeux, souriant, détendu. Oui, mais avant quoi ?

Justement, le bruit de la jeep lui parvint de l'extérieur, annonçant le retour de son frère d'un de ses nombreux rendez-vous chez le psychologue.

Mia sortit pour retrouver Alice et un Mick âgé de seize ans, plus frêle que jamais, plus renfermé qu'avant, qui passa devant elle, les poings serrés, retenant ses larmes.

Mia, inquiète, demanda à sa mère ce qui s'était passé, s'il y avait eu un problème, mais Alice ignora la question en se dirigeant vers la bâtisse.

— On en discutera plus tard, OK ?

Mia s'énerva :

— Quand exactement ? Tu ne m'en parles jamais. Tu ne réponds jamais à mes questions. C'est mon frère, merde !

Alice se retourna et lui fit les gros yeux, mais elle n'ouvrit pas la bouche et pénétra dans la maison.

Encore bouleversée par la vidéo qu'elle venait de voir, Mia eut un élan d'empathie qui lui gifla le cœur et elle se précipita dans la chambre de Mick.

Il était couché sur son lit lorsque Mia entra et ne leva pas la tête.

Mia resta un moment sur le pas de la porte, ne sachant pas comment aborder son frère, puis elle se lança du ton le plus léger possible :

— T'as besoin d'un coup de main pour nourrir tes animaux ?

Mais Mick ne répondit pas, il gardait les yeux fixés sur le mur. Alors, Mia s'approcha doucement et s'assit sur son lit.

— Les choses changent, Mick. Elles ne seront pas toujours comme ça.

Mick se redressa sur un coude et lui sourit tristement.

— Pour moi, si. Regarde-moi… J'ai des paniques nocturnes et je fais des cauchemars. J'ai deux ans de plus que toi et j'ai toujours besoin de lumière dans ma chambre pour dormir. Je sers à rien.

— Je t'interdis de dire ça. C'est pas vrai. Regarde tous ces animaux. Ils seraient morts si tu n'étais pas là.

— J'ai seize ans et ce sont mes seuls amis. C'est la lose. Tu l'as dit toi-même.

— J'ai dit n'importe quoi et je suis désolée. Je te trouve merveilleux. Je sais qu'il y a un immense soleil en toi et que quelque chose l'a emprisonné. Je le sais parce que je l'ai vu.

Mick était touché par la compassion de sa sœur, elle avait bien changé. Il lui souriait, mais il ne la croyait pas. Mia réfléchit quelques secondes puis tout à coup, elle le prit par la main et le fit se lever de son lit.

— Suis-moi… Allez, je veux te montrer quelque chose.

Mia traîna Mick au bas de l'escalier et jeta un œil dans le bureau de leur père. John était au téléphone. Mia et Mick se faufilèrent devant sa porte sans être vus.

Ils continuèrent leur chemin en silence.

Jodie était dans la buanderie en train de repasser. Écouteurs sur les oreilles, elle se balançait au son de la musique.

Mia vérifia ensuite que la cour était vide. Mick était très intrigué par le manège de sa sœur. Quelle chose pouvait être si défendue pour valoir autant de précautions ?

Enfin, elle poussa Mick vers le parc de Charlie et commença à en déverrouiller l'entrée.

Mick, paniqué, s'écarta.

— Qu'est-ce que tu fais, Mia ? Tu es folle.

— Tu veux connaître mon secret ?

Elle pénétra dans l'enclos et referma la porte derrière elle puis, devant Mick muet d'étonnement, elle appela le fauve :

— Haou, haouuu… Viens là, mon bébé. Viens me voir, Charlie, viens, mon beau.

C'est alors que Charlie surgit d'un coin éloigné.

Il était gigantesque à présent. À trois ans, c'était un lion adulte, avec des pattes imposantes, une large crinière entourant une énorme gueule et des mâchoires puissantes. Un mâle d'une magnifique stature et d'un maintien superbe.

Mia rit quand Charlie lui sauta dessus et qu'ils roulèrent ensemble sur le sol.

Mick était subjugué par la magie de l'instant.

Comment avait-elle pu garder pendant un an un lien secret avec Charlie ?

Tandis que Mia cajolait son énorme nounours aux dents acérées, Mick sortit son portable pour immortaliser le moment. C'est alors que Mia tenta de lui expliquer pourquoi elle avait cru important de lui révéler son secret :

— Charlie a quelque chose de spécial… Charlie est mon ami et je ne pouvais pas m'en séparer. Papa ne peut pas comprendre. Je lui rends visite chaque jour depuis qu'on m'a interdit de l'approcher. Tu avais raison, Mick, de croire à la légende… Tout était vrai ! Et je pense que, lorsque Charlie sera libéré, tu le seras toi aussi… comme le dit la légende : il est arrivé pour nous sauver tous.

Mick colla sa tête aux grilles de l'enclos et, transporté par la force du lien qui les unissait, commença à croire à ce que lui disait sa sœur. Il commença à croire en lui.

Un peu plus tard dans la journée, les deux adolescents liés par le précieux secret qui existait désormais entre eux s'amusaient à regarder Jodie dans la cuisine en proie aux facéties de Trevor qui, caché dans une marmite, venait de surgir devant elle, la faisant hurler de peur. Pour se venger de leurs moqueries, Jodie s'empara de la douchette de l'évier et se mit à les arroser.

Le frère et la sœur rirent de plus belle.

Sur ces entrefaites, Alice entra dans la pièce et vit la joyeuse bande qui avait entamé une bataille d'eau. Elle se joignit à la fête et entreprit de les asperger avec un arrosoir. John, qui arriva à son tour trouva la situation tellement cocasse qu'il voulut filmer cette bande de fous. Il prit le premier téléphone posé à proximité et chercha la fonction vidéo.

Le portable qu'il avait dans les mains était celui de Mick. Et, comme tout le monde le savait, John n'était pas à la pointe de la technologie. Il se trompa de bouton et c'est là que le drame se produisit. Au lieu d'enclencher la fonction « film », John appuya sur « lecture ». Or, le dernier film qu'avait Mick était celui de Mia dans l'enclos avec Charlie.

Tous entendirent alors, pétrifiés, les mots que Mia avait prononcés quelques heures auparavant, pendant que John voyait sa fille et le lion de trois ans se rouler par terre :

— … Charlie est mon ami et je ne pouvais pas m'en séparer. Papa ne peut pas comprendre. Je viens le voir chaque jour depuis…

Un froid glacial s'abattit dans la pièce. Alice s'approcha du téléphone pour regarder les images.

John dévisagea Mia mais elle ne put affronter son expression.

— Dans ta chambre. Immédiatement.

— Je vais le vendre au premier acheteur venu.

Il héla le régisseur dans la cour :

— Kevin, déplace tout de suite Charlie et prépare les papiers de transfert. Je veux qu'il soit prêt à partir avant la fin de la semaine.

2

Mia était pétrifiée. Alice, choquée d'apprendre que sa fille avait continué à voir le lion pendant tout ce temps en dépit de l'interdiction, ne savait pas quoi dire ; Mick qui était maintenant complice gardait la tête baissée ; seule Jodie, elle qui n'avait jamais rien dit, elle qui, malgré l'abolition de l'apartheid, se comportait toujours comme une inférieure, galvanisée par l'impertinence de Mia, trouva la force d'intervenir :

— Ne faites pas ça, monsieur Owen.

John se tourna vers elle et la pointa du doigt. D'un ton menaçant, il la tança :

— Je t'interdis de me dire ce que je dois faire.

Puis il claqua la porte derrière lui.

À l'étage, sur le balcon, Mia laissait éclater sa rage. Les yeux pleins de larmes, elle boxait un coussin. Elle s'en voulait tellement d'avoir tout gâché. Mick tenta de la calmer :

— Ne t'inquiète pas, Mia, il sera en sécurité, dans un zoo ou dans un parc. On s'occupera bien de lui.

— Oui, mais ce sera pas moi !!!

À travers les barreaux de la balustrade, elle observa dans la cour de la ferme Kevin qui conduisait Charlie vers l'un des enclos de transfert.

Le regard du félin croisa celui de la jeune fille qui murmura :

— Qu'est-ce que je vais devenir sans lui ?

Mia était résignée. Elle se rendait bien compte qu'elle était allée beaucoup trop loin et que cette fois, son père ne reviendrait pas sur sa décision. Elle avait bel et bien perdu Charlie. Mais elle ne le laisserait pas partir sans savoir où il allait ni sans lui avoir dit au revoir.

Elle descendit l'escalier et passa devant le bureau de son père.

Il était en ligne. Elle tressaillit quand elle comprit qu'il était au téléphone avec l'homme qui allait acheter Charlie.

— Non, aucun problème, la femelle sera livrée demain matin. Mais j'en ai un autre pour toi… Un vrai lion blanc. Il va te coûter une fortune !

Puis elle se dirigea vers le nouveau parc dans lequel Charlie se trouvait. C'était un enclos de transfert, l'un de ceux desquels partaient les lions qui avaient été vendus.

À travers les grilles, elle colla sa tête contre celle de Charlie.

— Je me suis plantée, Charlie… J'ai tout fait foirer. Mais tu ne dois pas avoir peur. Parce que je vais découvrir où papa va t'expédier… Et un jour, quand je serai assez grande, je viendrai et je t'emmènerai à la rivière Timbavati.

Elle passa la nuit là, par terre, tout contre son lion, le long de la clôture.

Au petit matin, elle fut réveillée par le bruit de la jeep qui approchait. Bien décidée à savoir où ils envoyaient son ami, elle se cacha rapidement derrière un bâtiment. La lionne était sur le point d'être chargée. Or, d'après ce qu'elle avait entendu, Charlie était le prochain sur la liste, alors si elle savait où la lionne allait, elle saurait aussi où son lion se trouverait.

Elle vit la jeep de son père s'arrêter près des enclos de transfert. John et Theuns, un homme qui était parfois en affaires avec son père, en sortirent.

John chargea un fusil anesthésiant, visa la lionne, et lui planta une fléchette dans le flanc. Mia avait l'habitude de ce genre de pratique. Lorsqu'ils avaient besoin de transporter des bêtes, John et Kevin devaient les endormir de cette façon.

Pendant qu'ils allaient chercher la lionne, Theuns remercia John d'être venu l'aider exceptionnellement cette fois-ci.

Mia profita de ce laps de temps pour se glisser discrètement sur le toit de la jeep et se cacher sous la bâche.

Quelques minutes plus tard, les deux hommes chargèrent l'animal inconscient dans une cage à l'arrière du véhicule.

La voiture roula pendant un long moment avant que Mia sente qu'elle ralentissait. Elle s'arrêta bientôt sur un grand terrain clos au milieu de nulle part. On y voyait des 4x4 et des hommes en tenue paramilitaire.

Jetant un œil à travers la bâche, Mia put tout juste distinguer son père, Theuns et des silhouettes se déplaçant. Leurs voix étaient trop étouffées pour qu'elle puisse comprendre ce qu'ils se disaient.

Puis John s'avança et un des hommes se retourna. Il semblait ravi de le voir. C'était Dirk. Il l'accueillit avec un large sourire et les bras ouverts.

— Tu viens participer à la fête, mon pote ?

John était visiblement contrarié. Il se dégagea de son étreinte.

— Tu sais que je ne veux rien avoir à faire avec vos trucs. J'ai juste aidé Theuns aujourd'hui.

— Et pourtant, tu es là. Sympa de te retrouver, mon frère.

John était mal à l'aise.

— C'est un malentendu. Tout ce que je fais, c'est livrer des lions à des fermes. Ce qu'on en fait après ne me regarde pas.

— Mais on dirait que ce n'est plus tout à fait vrai, hein ?

Mia tentait de comprendre ce qui se passait. L'ambiance était bizarre. Elle n'aimait pas ce qu'elle voyait.

Dirk tendit une liasse de billets à John.

— Ton lion blanc va nous rendre tous riches !

John siffla entre ses dents :

— Je ne te livre rien. J'amènerai ce lion à cette ferme. Point barre.

— Si ça te permet de te regarder dans la glace, l'ami... Quand pour le blanc ?

— Quarante-huit heures.

Puis John partit s'enfermer dans sa jeep.

Ce qui se passa ensuite allait changer pour toujours la vie de toute la famille Owen.

3

Toujours cachée dans son perchoir, Mia attendait avec appréhension la suite des événements. Elle ne comprenait pas qui était cette femme avec un arc et qui parlait fort. Elle ne comprenait pas ce que faisaient tous ces gens, pourquoi ils étaient là, pourquoi son père était là.

Elle ignorait qu'en dessous d'elle, son père, qui savait, lui, ce qui allait se passer, avait déjà baissé la tête pour ne pas assister à la scène.

Soudain, tout s'accéléra.

Le verrou de la cage claqua, sa porte grinça, et la lionne libérée sauta mollement au sol, encore groggy par l'anesthésiant. Elle faisait quelques pas dans le champ lorsqu'une flèche siffla dans l'air et transperça l'animal qui s'effondra.

Mia, horrifiée, entendit la femme à l'arc crier de joie :

— Super !!! Je l'ai eue !!!

Et le cauchemar n'était pas fini car la lionne n'était pas morte mais seulement blessée.

Aux côtés de la femme, un ranger s'apprêtait à l'achever d'un coup de fusil quand elle crut bon de préciser :

— Pas dans la tête, espèce d'idiot, tu vas abîmer mon trophée !

La jeep repartit en direction de la ferme pendant que le coup de grâce était donné.

Mia, sur le toit, le regard vide, sonnée, bringuebalait au rythme de la piste.

Revenue dans sa chambre sans même se souvenir exactement comment, Mia ne parvenait pas à retrouver son état normal. Son cœur s'était glacé. L'horreur de ce qu'elle avait vu restait bloquée dans ses yeux. Elle n'arrivait pas à y croire.

Son père, celui qu'elle aimait et à qui elle faisait confiance, venait de vendre à des chasseurs une de leurs bêtes, une lionne qui avait été élevée chez eux. Elle avait été droguée, puis lâchée dans un enclos fermé avant d'être abattue de sang-froid sous le regard de son père.

À l'évocation de ces images, Mia eut envie de vomir.

Mais elle reprit vite ses esprits, car elle réalisa soudain quelque chose d'encore plus grave : Charlie était le prochain.

Jamais elle ne permettrait que son ami subisse le même sort. Il fallait qu'elle le sauve et pour cela, elle devait comprendre.

Elle se plongea alors dans son ordinateur. Son écran se remplit de scènes violentes : Chasse à l'arbalète, Chasseurs à la mine réjouie, Lions agonisants, Lionnes tirées de leur antre par les gémissements de leurs petits et abattues à bout portant. Les titres des articles de journaux lui sautaient aux yeux par dizaines : « Élevages de fauves, antichambres de la mort » ; « Payer le juste prix pour le droit de tuer » ; « Trophées servis sur un plateau d'argent » ; « Les centres de protection de l'environnement ne sont qu'une couverture ».

Mia venait de découvrir la sordide réalité du commerce dit de la « chasse en boîte ».

Sa mère frappa à sa porte.

— Le dîner est prêt, mon cœur, tu viens manger ?

Comme un robot, Mia éteignit son ordinateur et descendit. Elle s'assit à la table familiale. Au milieu du repas, sans avoir ouvert la bouche ni prononcé un mot, elle se leva mécaniquement et remonta dans sa chambre sans répondre à sa mère qui l'interpellait.

Alice s'apprêtait à la suivre pour savoir ce qui lui arrivait, mais Mick l'arrêta.

— J'y vais, maman.

Mick trouva Mia debout près de la fenêtre, les yeux fixés dans le vague.

— Mia ?

La jeune fille se tourna lentement vers lui. Mick fut surpris par la gravité de son regard. Et elle lui révéla tout :

— Les lions… papa ne les vend pas à des zoos. Il les vend à des chasseurs.

— Non !

Mia savait qu'il serait très difficile pour Mick d'entendre la vérité mais elle n'avait pas le temps de le ménager, alors elle continua.

— Tous les animaux adultes qui partent d'ici… sont tués… tirés, de sang-froid, dans un enclos. C'est le business de notre ferme. Nous ne sauvons rien, nous ne protégeons pas la nature, nous la détruisons. Pour du fric.

Mick commença à se balancer d'avant en arrière.

— Papa… ne ferait pas ça.

— Je l'ai vu ! Comment je saurais tout ça sinon ? Et en plus c'est légal, j'ai regardé sur Internet.

Bouchant ses oreilles de ses mains, Mick commença à gémir.

— Il ment aux touristes, la conservation n'est qu'une couverture. Tous les fermiers font ça, et tout le monde le sait, mais personne ne dit rien. Les employés doivent se taire s'ils ne veulent pas être virés.

— Tais-toi ! Tais-toi !

Mia lui écarta les mains pour le forcer à écouter.

— Non, Mick, je dois te le dire parce que j'ai besoin de ton aide… Tu es le seul à qui je peux en parler.

Mick la fixa du regard.

— Je dois sauver Charlie.

— Le sauver ?

— C'est le prochain sur la liste. Il faut que je le conduise à la rivière Timbavati. Maintenant !

Quelque chose sembla se débloquer chez Mick qui s'arrêta de trembler et assura à sa sœur qu'elle pouvait compter sur lui.

Une fois la nuit tombée et leurs parents couchés, Mia rejoignit Mick dans sa chambre. Assis par terre, ils étudiaient, à la lumière d'une lampe de poche, les cartes et les itinéraires que Mick avait imprimés. Il lui expliqua :

— Pour atteindre la rivière Timbavati, tu en as pour cinq à six jours de marche, en coupant par là.

— Et en voiture ? Combien de temps en voiture ?

— Mais tu n'as pas de voiture et tu n'as que quatorze ans !

— Je te rappelle que papa me fait conduire depuis des années dans la réserve, je pourrai me débrouiller. Allez, dis-moi, si jamais je trouvais une voiture, combien de temps ?

— Deux jours. Un sur la route et un dans le bush.

Mia acquiesça et serra Mick dans ses bras. Avant de partir, elle demanda :

— Tu penses que je vais y arriver ?

— Je pense que c'est de la folie, mais si quelqu'un peut le faire, c'est toi.

Le visage de Mia s'éclaira d'un grand sourire, elle soulevait son sac à dos quand Mick lui tendit sa tirelire.

— Je ne peux pas accepter, Mick, ce sont toutes tes économies.

— Tu en auras plus besoin que moi, lui répondit-il avec un clin d'œil.

Elle prit l'argent, le serra dans ses bras et partit dans le couloir.

Une fois en bas, elle ouvrit doucement la porte du bureau de son père et se mit à fouiller dans les tiroirs. Soudain, un bruit la fit sursauter. C'était Jodie. Elle se tenait en chemise de nuit sur le seuil et tenait un trousseau de clefs. Elle dit à Mia avec un grand sourire :

— Ce ne seraient pas les clefs des enclos que tu cherches ?

Rassurée par l'air amical de Jodie, Mia se jeta dans ses bras. La femme lui mit le trousseau dans les mains et lui glissa à l'oreille :

— N'abandonne jamais tes rêves, ma jolie. Va sauver Charlie.

Il n'y avait plus de temps à perdre. Le compte à rebours avait commencé. Mia se précipita vers les enclos. Afin de gagner du temps, elle imagina d'ouvrir les parcs de tous les animaux. Ainsi, ils entoureraient la maison et empêcheraient ses parents de partir à sa recherche. Ils seraient enfermés et les fauves, en liberté. Elle mit cette idée à exécution.

Puis elle libéra Charlie et prit la fuite avec lui.

Courant aussi vite que possible, Mia et Charlie arrivèrent aux limites de la réserve et pénétrèrent dans le no man's land broussailleux qui séparait la ferme des abords de la ville.

Reprenant son souffle, Mia se retourna pour voir les lumières lointaines de la maison, puis elle fit face à la vaste nuit qui les attendait. Elle se sentit soudain très petite et très seule.

Charlie vint se frotter contre son mollet. Elle était sa dernière chance de s'en sortir. Mia aimait trop Charlie pour baisser les bras. Elle devait y arriver, elle allait y arriver.

— On y va !

4

Les premiers rayons matinaux du soleil commençaient à réchauffer la ferme.

Alice sortit de la maison en portant un panier de linge lorsqu'elle s'arrêta net : un fauve énorme était assis sur la véranda.

Elle étouffa un cri et recula prudemment jusqu'à la porte qu'elle referma vivement. Puis elle appela John en hurlant.

Le plan de Mia avait fonctionné. C'était le chaos : des lions et des hyènes rôdaient librement tout autour de l'exploitation, le long des bâtiments, sous les fenêtres, dans la cour.

John saisit son fusil et regarda les images des caméras de surveillance. Il y vit Mia ouvrir tous les enclos, refermer le grand portail de la ferme et partir avec Charlie. Il comprit tout. Il se prit la tête entre les mains. C'était la catastrophe. Et il ne pouvait rien dire à Alice.

Il s'empara de son téléphone.

— On a besoin d'aide, Kevin... C'est Mia, elle s'est s'enfuie avec Charlie. On ne peut pas sortir de la maison, elle a ouvert les enclos, y a des fauves partout. Arrive vite, et amène plein de monde...

Pour le moment, c'est la colère qui l'emportait. Furieux de ne pas pouvoir partir à la recherche de sa fille, il arpentait la pièce, devant une Alice désespérée.

— J'ai peur, John.

— Je vais la retrouver, ne t'inquiète pas.

Il lui prit la main pour la rassurer tout en observant la carte murale. Tout à coup, il s'exclama :

— Le point d'eau de Mafoue ! C'est là que j'irais si j'étais elle.

Personne ne faisait attention à Mick qui, resté à l'arrière, écoutait tout ce qui se disait. Quand il entendit que son père s'apprêtait à aller chercher sa fille au point d'eau, il envoya un message à Mia pour la prévenir.

Mia reçut le SMS alors qu'elle et Charlie marchaient dans un grand paysage brûlé de soleil qui s'étendait à perte de vue. Elle était un peu perdue et commençait à paniquer : comment allait-elle réussir à parcourir toute cette distance ? Comment allait-elle pouvoir traverser la ville avec un lion ? Elle était déjà tellement épuisée.

À la lecture du message de Mick, son avenir s'éclaira. Elle confia son sentiment à son ami :

— Je crois qu'on a gagné une voiture, Charlie.

Elle, qui ne savait pas où aller, venait de trouver un objectif. Elle avait l'intention de précéder son père au point d'eau, de lui tendre un piège et de lui subtiliser son véhicule. Évidemment c'était plus facile à dire qu'à faire, mais elle était prête à tenter le tout pour le tout. Parvenir à la rivière Timbavati à pied lui semblait impossible.

Pendant ce temps-là, à la ferme, les rangers étaient enfin arrivés et aidaient Kevin à rentrer les animaux dans leurs enclos.

Dès qu'il le put, John sortit en courant avec son fusil anesthésiant sous le bras, sauta dans la jeep et démarra en trombe sous le regard inquiet d'Alice.

Mia était parvenue au point d'eau et élaborait une stratégie pour prendre son père de court.

Elle finissait de cacher Charlie derrière un gros rocher à l'aide d'un reste de poulet lorsqu'elle perçut un bruit de moteur au loin. Son cœur cogna dans sa poitrine. Son plan allait-il fonctionner ?

John stoppa sa voiture dans un nuage de poussière et en sortit. Il plaça une fléchette dans le chargeur de son fusil et se dirigea vers le point d'eau en scrutant les alentours.

Ne voyant personne, il appela :

— Mia ! Mia !

Mia était cachée dans un arbre. Elle attendait le bon moment. Celui-ci se présenta bientôt.

John regardait dans toutes les directions, mais, inquiet de ne pas trouver trace de Mia, il retourna vers la jeep, posa l'arme contre la carrosserie puis s'installa derrière le volant.

Pendant qu'il saisissait son portable, alors qu'il lui tournait le dos, Mia se laissa tomber en silence de sa branche, saisit le fusil et le pointa sur son père. Dans le même temps, Charlie émergea lentement de derrière son rocher, se léchant les babines, sous le regard ébahi de John.

Celui-ci lâcha immédiatement son téléphone, sauta de la jeep et voulut attraper son fusil, mais se rendit compte qu'il avait disparu. Il se retourna et se trouva face à sa fille.

— Mia, qu'est-ce que tu fais ?

— Ne t'approche plus jamais de Charlie, jamais !

John se figea. Il n'avait jamais vu Mia ainsi. La main de Mia ne tremblait pas.

— Pose ce fusil.

Il fit un pas vers sa fille, mais elle se fit plus menaçante :

— Éloigne-toi de la jeep. Je ne le redirai pas. Bouge.

John recula lentement. Mia appela Charlie et, l'arme toujours pointée sur John, ouvrit la portière arrière. Elle y jeta un morceau de poulet et Charlie sauta immédiatement dans le véhicule.

— Qu'est-ce qui te prend, Mia ?

Celle-ci, la voix pleine de colère et d'émotion mêlées, répondit à son père :

— J'étais là, papa… hier… dans ce champ.

Le visage de John pâlit. Elle ajouta :

— Comment peux-tu faire ça ?

John était cloué sur place.

— Tu abats des lions pour du fric. Et tu mens à tout le monde. Tout chez toi, tout à la ferme est un mensonge !

La vérité, dite à voix haute, ébranla John profondément.

— Mia, s'il te plaît… tu ne comprends pas.

— Je comprends très bien.

— Non. Je vends à des gens qui ont un permis, c'est tout… Je ne peux pas contrôler ce qu'ils font ensuite avec les animaux…

— Mais on tue nos lions !

Et le masque de John tomba :

— Tu crois que ça me plaît ? Mais c'est comme ça en Afrique du Sud… C'est comme ça que ça a toujours fonctionné. Tu crois qu'on peut changer le monde ?

Elle hésita un instant puis cria presque, comme pour se convaincre elle-même :

— Oui !

— Ça suffit. Donne-moi ce fusil tout de suite.

John fit un pas vers elle, déterminé. Mais Mia tira une fléchette anesthésiante dans la jambe de son père et, retenant ses larmes, le regarda tomber à terre.

Baissant son arme, elle murmura :

— Pardon, papa…

5

Mia sauta au volant de la jeep et, après un dernier regard à John, elle démarra la voiture.

Quand elle se fut un peu éloignée, elle prit son téléphone et contacta la police.

— J'ai anesthésié mon père au fusil. Il est au point d'eau de Mafoue. Venez vite le chercher.

Mia suivait une piste dans la savane. Le GPS de son iPad, calé sur le siège passager à côté d'elle, donnait l'itinéraire qu'elle avait programmé.

La voiture de Jonh était idéale. Dotée d'une grande cage à l'arrière recouverte d'une bâche opaque, elle convenait exactement à Charlie qui avait à la fois un peu de place pour s'installer et était en même temps bien caché. De plus, une ouverture entre la cage et la cabine avant lui permettait de temps à autre de passer sa tête entre les dossiers pour recevoir une caresse de Mia qui lui adressait des paroles apaisantes.

— Tout va bien. On y arrivera. Je sais qu'on y arrivera.

Mia prenait de l'assurance. Elle ne se débrouillait pas trop mal au volant et le trajet sur l'écran s'effectuait beaucoup plus vite maintenant qu'ils étaient véhiculés. La terre sacrée des Shangaans, le sanctuaire dans lequel Charlie serait en sécurité, était de plus en plus proche et devenait à nouveau une réalité. Mia se détendit.

Son téléphone sonna. C'était sa mère. Elle ne répondit pas. Elle savait pourtant qu'elle devait être morte d'inquiétude, mais il lui semblait impossible qu'elle ignore totalement les agissements de son mari, alors elle lui en voulait, au pire d'en être complice, au mieux pour son aveuglement.

Tout à coup, elle remarqua une lumière sur le tableau de bord.

— Oh non ! C'est une blague ?!!

C'était le voyant d'essence ! La pire chose qui pouvait arriver…

Son cœur se mit à cogner dans sa poitrine. Elle allait devoir entrer en ville, se garer, affronter le regard des gens, mettre du carburant dans le réservoir, autant d'actions qu'elle se sentait incapable de faire.

Elle s'arrêta à une centaine de mètres d'une station-service. Des néons verts clignotaient au rythme de son pouls qui battait dans sa gorge. Ils semblaient lui crier : « Danger, danger, danger ! »

Elle observait les autres voitures qui se ravitaillaient sans oser avancer. Il fallait pourtant qu'elle se lance. À l'arrière, Charlie commençait à s'agiter sérieusement, ce qui faisait se balancer la jeep. L'angoisse de Mia se répercutait sur l'animal et elle le savait.

Elle attendit qu'il n'y ait plus personne aux pompes, prit une grande inspiration et démarra. Elle roulait lentement en s'encourageant : « Allez, Mia, tout va bien, tu te débrouilles super, personne ne va rien remarquer. »

Elle s'arrêta un peu brutalement, mais sûrement près de la première pompe et descendit. Elle sursauta quand le pompiste vint lui demander quel carburant elle voulait. Elle avait l'impression qu'il la regardait de travers, qu'il se doutait de quelque chose. Mais elle se reprit très vite.

Soudain, pendant que l'homme la servait, la queue de Charlie sortit de sous la bâche. Mia se jeta dessus et la cacha le plus vite qu'elle put puis attendit en priant pour que le lion ne se

manifeste pas à nouveau. Ce furent les secondes les plus longues de sa vie.

Enfin, le pompiste annonça que le réservoir était plein et s'éloigna.

Mia glissa un mot doux à l'oreille de Charlie et entra dans la boutique pour payer. Malgré son stress, elle tenta de conserver son calme pour ne pas se faire se remarquer. Elle choisit les produits dont elle aurait besoin pour continuer sa route et s'approcha de la caisse en gardant les yeux baissés.

Tout se passait bien. Une vieille télé diffusait les informations quand soudain Mia tressaillit. Le présentateur annonçait un flash urgent :

« Mia Owen, une jeune fille de quatorze ans, s'est échappée avec un lion blanc. Ses jours sont en danger. Nous demandons à toute personne les apercevant de contacter immédiatement la police. »

Elle se dépêcha de payer en priant pour que la caissière ne lui parle pas, fourra ses achats dans un sac et partit le plus vite qu'elle put.

Une fois dehors, elle courut vers la jeep et quitta la station. Cette fois, ça avait été chaud. Mia avait du mal à s'en remettre. Sa respiration était courte, sa tête tournait.

— Charlie, mon beau. Je fais tout ce que je peux. Je t'aime, mon lion.

Il faisait nuit et l'iPad était tombé par terre, elle ne savait plus où elle était ni où elle devait aller. Elle ne pouvait pas s'arrêter, elle avait eu trop peur. Elle voulait s'éloigner encore, toujours davantage. Elle se pencha pour ramasser l'iPad et une voiture à laquelle elle venait de faire une queue de poisson la klaxonna violemment.

Il fallait qu'elle retrouve son calme, mais elle ne savait pas comment. L'angoisse lui serrait la gorge.

Son téléphone sonna, elle décrocha, avide de soutien :

— Mick ! Comment va papa ?

— Il va bien. Ils sont en train de le ramener à la maison. Tu es où, Mia ?

Mia plissa les yeux, les phares l'aveuglaient et la pluie l'empêchait de lire correctement les panneaux.

— Je suis sur la M31.

Mick était précis et pressé. La ferme avait des airs de base arrière. Sa mère était collée aux infos et son père arrivait, en grand état de faiblesse. La police et plusieurs autres personnes étaient présentes également. Mick, dans le couloir, chuchotait :

— Au niveau de quelle sortie es-tu ?

— 19, sortie 19.

— OK. C'est la merde. Tu dois changer de direction tout de suite. Ils installent un barrage.

— Mais je peux pas ! C'est tout droit ! J'peux pas sortir !

— Mia ! Fais-le ! Ils vont te choper sinon.

C'est alors que Mia aperçut les premiers gyrophares au loin. Paniquée, elle tourna le volant, appuya sur l'accélérateur et, faisant crisser les pneus, franchit la ligne de sécurité entre les voies pour faire demi-tour.

La situation se dégradait sérieusement. Mia n'avait plus le contrôle de rien. Elle accéléra encore et dépassa bientôt le panneau portant l'emblème de Johannesburg : deux grands lions de part et d'autre d'un bouclier.

Elle laissa la ville derrière eux et grimpa vers les collines.

Ces collines vers lesquelles elle se dirigeait étaient en fait d'énormes tas d'immondices, derrière lesquels des bidonvilles s'étendaient dans le lointain.

Mia n'avait que quatorze ans. Elle n'avait pas mangé depuis le matin. Elle venait de vivre un stress que la plupart des adultes ne connaîtraient jamais, aussi ce soudain calme la terrassa. Elle ressentit une immense fatigue tout à coup. Sa tête commença à dodeliner, ses paupières à s'affaisser. Elle se força à rester éveillée, mais elle s'écroula malgré sa volonté, le front sur le volant.

La jeep heurta un muret, brisant un des phares.

Mia se réveilla en sursaut, affolée.

Elle s'écarta de la route et déboucha dans un petit coin de terrain vague, perdu dans l'océan de la nuit. Elle stoppa le 4x4. L'obscurité était étouffante, vaporeuse, menaçante, infinie.

Qu'allaient-ils devenir ?

Elle jeta un œil sur Charlie à l'arrière qui l'observait avec ses grands yeux, confiant.

Sa pureté la transperça comme une flèche. Elle n'allait pas réussir à le sauver et ça lui brisait le cœur en mille morceaux. Elle craqua :

— Arrête de me regarder comme ça ! Qu'est-ce que tu es bête ! Je ne suis qu'une enfant ! Et tu crois que je peux te sauver ?!

Les larmes commencèrent à lui monter aux yeux.

— C'est impossible ! Je n'y arriverai JAMAIS. Finissons-en maintenant ! Tue-moi ! Vas-y !

Charlie lui donna juste un coup de patte qui la surprit assez pour qu'elle reprenne ses esprits.

Ils s'allongèrent tous les deux sur le toit de la voiture, cernés par un désert urbain. Collés l'un à l'autre, ils fixèrent la voûte céleste.

— Si on voit une étoile filante… ça veut dire qu'on va y arriver, d'accord ? Une étoile filante. Une seule.

Le temps passa, mais aucune étoile filante ne traversa le ciel. Mia, perdant espoir, ferma les paupières petit à petit puis s'endormit.

Charlie regarda son amie, dans sa fourrure elle était en sécurité, puis il leva à nouveau les yeux vers le ciel, pour y découvrir…

… une étoile filante.

Partie 5

1

À la ferme, Mick et Alice, qui s'étaient endormis devant la télé, reposaient dans les bras l'un de l'autre. John, torturé par ses démons, n'avait pas fermé l'œil de la nuit. Il faisait les cent pas dans son bureau quand la sonnerie de son téléphone lui agressa les oreilles – peut-être parce qu'il s'agissait de Dirk.

— Mon pote, bon Dieu, où t'étais passé ? J'ai besoin de ma confirmation pour demain.

D'une voix blanche, John lui répondit :

— Tu n'en auras pas. Le lion n'est plus à vendre.

Dirk laissa s'écouler quelques secondes puis éclata d'un rire de Joker.

— Tu plaisantes, là, frérot ? Tu m'as fait une promesse, tu te souviens ? Mon plus gros client arrive par avion spécialement, tu peux pas… Pense à ton prêt…

Mais John raccrocha. Il ne voulait plus entendre parler de Dirk, ni de chasse, ni de rien d'autre que de Mia. Il était obsédé par le fait que sa fille était en danger ; d'autant plus obsédé qu'il s'en savait responsable.

Et il ne pouvait s'empêcher de se dire qu'à tout moment le lion risquait de se retourner contre elle. Il priait pour qu'ils ne soient plus ensemble, pour qu'elle l'appelle et qu'il puisse aller la chercher quelque part.

Comme il se trompait !

Une nuit de sommeil dans les pattes de son ami avait redonné de la force à Mia et elle fouillait à présent la jeep à la recherche d'une carte. Elle en trouva une vieille qu'elle se mit à étudier.

Charlie avait réintégré sa cage et Mia, son siège de conducteur. Elle démarra et annonça à son lion :

— On n'est pas loin. On y va.

Puis elle lança avec détermination la voiture sur la route, quittant les environs tristes des bidonvilles de Johannesburg.

Pendant ce temps, à la ferme, les esprits commençaient à s'échauffer. Peut-être parce que le temps qu'ils avaient passé tous ensemble confinés sans agir devenait trop long, aussi parce que les réponses manquaient cruellement.

Alice n'en pouvait plus.

— Ça n'a pas de sens, John, pourquoi t'a-t-elle tiré dessus ?

— Alice, arrête, s'il te plaît…

— Comment ça, « arrête » ? « Arrête » quoi ? Mia est partie ! Et elle t'a tiré dessus ! Et on ne se demande pas pourquoi ? C'est du délire ! Moi, je veux comprendre ce qui nous arrive !

— Mais y a rien à comprendre. C'est une enfant, Alice. Elle ne voulait pas être séparée de son lion, elle s'est enfuie avec, point.

Alice n'était pas convaincue par cette explication. Elle sentait qu'il y avait autre chose.

Kevin apparut à la porte :

— John.

— Pas maintenant !

John était mal à l'aise. Il savait qu'il mentait à Alice et qu'il s'enfonçait dans son mensonge, alors il devenait agressif.

Kevin insista pourtant :

— John, je suis désolé… C'est Dirk.

John se leva précipitamment et sortit de la maison au moment où Dirk descendait de sa Mercedes Classe G aux vitres teintées.

— Qu'est-ce qui se passe, bon Dieu ? Aux infos ils disent que ta fille s'est enfuie avec mon lion.

— C'est pas ton lion, je t'ai déjà dit. J'ai arrêté le deal, ça ne te concerne plus.

Dirk fixa John droit dans les yeux.

— Je crois qu'on a un petit problème, toi et moi. Je te signale que tu me dois pas mal de blé. Donc, jusqu'à ce que tu m'aies remboursé, ça me concerne toujours.

— Sors d'ici !

Le ton de John était sans appel. Il ne voulait plus rien avoir à faire avec Dirk. Mais celui-ci n'était pas prêt à lâcher l'affaire. Il remonta dans la Mercedes et lança :

— On dirait qu'il va falloir que je m'en occupe moi-même.

John hurla :

— Ne t'approche pas de ma fille !

Dirk démarra le moteur avec un dernier regard noir.

Alice avait observé la scène depuis la fenêtre. Cette altercation avec Dirk ne lui disait rien de bon et ne faisait que renforcer ses soupçons. Alors, quand elle vit Kevin arrêter le 4x4 en attendant que John y grimpe, elle appela Mick puis se dirigea vers la voiture, en ouvrit la porte arrière et s'installa.

— Monte, Mick, on va chercher Mia avec eux.

Elle fixa John droit dans les yeux, comme pour y planter sa décision et ajouta :

— C'est non négociable.

Mia roulait maintenant tranquillement en jetant des coups d'œil à sa carte. Elle enclencha l'autoradio qui diffusa un air d'opéra. Charlie semblait ravi dans sa cage.

Mia fit une moue puis admit :

— C'est pas si mal finalement, t'as raison, en plus ça me fait penser à Mick !

Et elle se mit à chanter. Elle avait une voix magnifique.

John, lui, régla la radio sur la fréquence de la police pendant que Kevin conduisait. Le son était un peu grésillant et Alice ne comprit pas ce qu'ils étaient en train de dire.

— Y a du nouveau, c'est ça ?

— Ils ont délivré une autorisation de tuer.

Alice prit un air catastrophé tandis que Mick demanda :

— Ça veut dire quoi ?

Alice lui répondit sombrement :

— Ça veut dire, chéri, que n'importe qui peut abattre Charlie maintenant.

Mick blêmit.

Mia, elle, rayonnait. Selon sa carte, à la prochaine bifurcation, ils devaient arriver dans le bush.

— On y est presque, Charlie. Quand on sera dans la savane, déjà, il n'y aura plus rien à craindre des humains. Quant aux animaux, c'est toi le roi, alors, pas de problème.

Le véhicule fit encore quelques kilomètres puis l'embranchement tant attendu apparut. C'était un tournant véritablement à angle droit. En s'engageant dedans, Mia commençait déjà à sourire. Mais quand elle eut viré, elle se figea.

Ses rêves s'écroulaient une fois de plus. À nouveau, elle se dit qu'il serait impossible d'atteindre leur objectif.

2

Au lieu de la brousse à laquelle elle s'attendait, Mia découvrit que le chemin menait au parking d'un énorme centre commercial. C'était une catastrophe.

Examinant mieux la carte, elle remarqua que celle-ci avait plus de vingt ans. Elle enragea. Comment allaient-ils pouvoir franchir cet obstacle ? C'était impossible.

Elle se gara pourtant, au cas où elle trouverait une autre issue.

Mia, plantée debout à côté de la voiture, semblait désespérée. Elle balayait du regard les alentours, mais il n'y avait rien. Le centre commercial formait un écran entre eux et le bush. Il n'y avait pas d'autre choix que de le traverser.

Un client attentionné l'aborda :

— Besoin d'aide ?

Mia bredouilla n'importe quoi :

— Euh, non, merci… J'attends mon père.

Et pendant que les gens entraient et sortaient avec leurs caddies, Charlie commençait à s'énerver dans la cage.

Une dame proposa son aide :

— Ça va, mademoiselle ?

— Oui, oui, parfait. Merci. Mes parents devraient arriver…

Mais qu'avaient-ils tous à être si gentils ?! ragea-t-elle.

Dans sa poche, son téléphone vibra. Elle lut le message de Mick qui l'effondra : Tout le monde a le droit de tirer sur Charlie, maintenant.

La pression se faisait de plus en plus forte, il fallait s'éloigner, il fallait rejoindre ce satané bush. Mais c'était impossible ! Tout à coup, Mia eut un déclic. Effectivement, il était inimaginable qu'un lion traverse un centre commercial. Et si c'était ça, leur chance de s'en sortir ? Si elle marchait naturellement à travers le magasin comme si tout était normal, peut-être qu'avant que les gens réalisent ce qui se passait, Charlie et elle, auraient le temps d'atteindre l'autre côté.

Il fallait essayer, il n'y avait pas d'autre choix.

Le fauve bondit de sa cage et tous les deux pénétrèrent calmement dans le centre commercial.

Charlie se comportait idéalement, on aurait dit un acteur, quant à Mia, elle tentait autant que possible de sembler décontractée, tout en lui jetant des morceaux de viande pour qu'il ne se déconcentre pas et avance dans la bonne direction.

Zambezi Sp
Your One Stop Automotive Sp

Au début, ce fut presque surréaliste, personne ne s'occupa d'eux. Les gens continuaient leur shopping, regardaient les vitrines, arpentaient les allées.

Un petit garçon les remarqua et essaya d'attirer l'attention de sa mère. Mais celle-ci, qui fouillait dans un tas de vêtements, ne prit même pas la peine de tourner la tête.

De plus en plus d'enfants se retournaient maintenant et contemplaient la scène en tirant les bras de leurs parents.

Bientôt, l'ambiance changea et un vent de panique se mit à souffler…

Mia et Charlie accélérèrent le pas.

Les gens commençaient à se barricader dans des boutiques, d'autres s'enfuyaient.

Et soudain, l'alarme du grand magasin se déclencha.

Il n'y avait plus de temps à perdre. Mia se mit à courir comme une folle, suivie puis précédée par Charlie qui était bien plus rapide qu'elle.

Bâti à l'orée de la savane, le centre commercial avait l'arrière qui donnait directement sur la brousse.

Mia poussa violemment une porte et, en compagnie de Charlie, bondit à l'extérieur.

Ils avaient réussi, quelques dizaines de mètres encore et ils disparaîtraient dans la nature.

Mia laissa éclater sa joie. Elle sauta en l'air, et jeta les bras autour de Charlie.

— On l'a fait, Charlie ! On est libres !

Presque instantanément, John et Alice qui faisaient un point avec la police locale eurent l'information que Charlie et Mia avaient été repérés dans un centre commercial.

En quelques secondes, tous remontèrent dans leurs voitures et démarrèrent.

L'adolescente et le lion, côte à côte dans la savane, se croyaient seuls au monde.

Mia regardait Charlie se déplaçant majestueusement à ses côtés dans la nature pour la première fois. Et pour elle, c'était un spectacle si merveilleux qu'elle en pleura de joie. Tout semblait parfait.

Ce qu'elle ne savait pas, c'est qu'ils n'étaient pas seulement recherchés par ses parents et la police, mais également par un individu bien plus dangereux : Dirk. Et il était sur le point de les trouver.

Charlie traversait la brousse sans effort, il semblait flotter tandis que Mia, elle, souffrait. Les herbes la coupaient, le soleil la brûlait.

Devant eux, la savane s'étendait à perte de vue.

Soudain, Charlie s'arrêta, releva la tête et dressa les oreilles en regardant droit devant lui. Les sens en alerte, il avait repéré un animal.

Mia attendait de comprendre ce qui se passait. Elle n'arrivait pas à voir à travers la brume de chaleur et la lumière qui l'éblouissait.

Il se mit à avancer furtivement, tapi dans les herbes. Puis il bondit en avant dans un mouvement terrifiant...

Sa proie eut à peine le temps de réagir, juste quelques cris, puis le silence.

Mia s'approcha et vit Charlie en train de dépecer l'autruche qu'il venait de tuer.

Elle le regarda avec admiration. Elle était tellement fière de lui !

Le jour commençait à baisser. Il fallait trouver un abri pour la nuit. Mia eut un petit frisson à l'idée de dormir dans la brousse. Elle se souvint d'avoir lu qu'en Amazonie, les gens qui campaient dans la jungle installaient leurs hamacs en hauteur. Elle décida donc de chercher un arbre qui pourrait l'accueillir.

Ailleurs dans la savane, John, Kevin, Alice et Mick, à bord de la jeep, scrutaient la nature dans l'espoir de repérer Mia et le lion blanc.

John regardait le jour tomber avec anxiété.

— Il va faire bientôt nuit.

Kevin proposa de rebrousser chemin et de reprendre leurs recherches dès l'aube. Mais Alice répliqua vivement :

— On ne rentre nulle part ! On continue à chercher, et on dort dans la voiture si c'est nécessaire.

La décision n'appelait pas de commentaire. Ils se remirent en route dans la semi-pénombre tandis qu'un barrissement d'éléphant retentissait au loin.

Le même barrissement réveilla en sursaut Mia, qui s'était assoupie sur une branche.

Elle contempla, mi-effrayée mi-fascinée, l'énorme bête qui passait juste en dessous d'elle puis elle chercha Charlie du regard. Mais il n'y avait aucun signe de lui. Elle commença à paniquer.

Même dans l'obscurité, elle pouvait sentir la savane grouiller de vie : des animaux affamés à la recherche de proies – elle-même pouvant en devenir une d'un instant à l'autre.

Elle avait peur, il faisait noir et son ami n'était pas là pour la protéger.

— Charlie ! appela-t-elle.

Son propre cri l'effraya et il n'y eut pas de réponse.

Puis, soudain, elle sursauta, car un énorme serpent s'avançait vers elle. Elle tremblait de tous ses membres, puis elle regarda de plus près et sourit. Il ne s'agissait pas d'un serpent, mais de la langue d'une girafe qui tentait d'atteindre les feuilles qui se trouvaient près d'elle. Elle n'avait jamais réalisé à quel point les girafes pouvaient avoir une langue si longue !

Où était Charlie ? Comment allait-elle faire toute seule ? Pouvait-il l'avoir abandonnée ?

3

La lumière d'un petit feu de camp éclairait le 4x4 stationné près de John, Alice, Mick et Kevin.

John entourait Alice de son bras.

— On la retrouvera, je te le promets.

Elle regarda son mari, et l'incertitude qu'elle perçut dans ses yeux lui fit plus peur encore.

— Tu ne me dis pas tout, je le sens.

Même si la tension devenait insoutenable, une dernière fois, John évita de répondre à sa femme.

— On doit dormir, à présent...

Il partit s'étendre dans la voiture et laissa Alice qui scrutait l'obscurité, morte d'inquiétude, incapable de dormir à la pensée de sa fille, seule quelque part dans cette nature si hostile.

Au petit matin, Mia fut réveillée par les grognements de Charlie. Quel soulagement de le voir à nouveau auprès d'elle ! Elle était bête d'avoir pu croire qu'il l'avait abandonnée. Il avait simplement passé la nuit à chasser comme le font tous les lions.

Elle se dépêcha de descendre de son arbre, il était temps de se remettre en route.

Le soleil était encore bas sur l'horizon, mais la chaleur était déjà forte. À présent, c'est Charlie qui menait l'expédition. Les rôles étaient inversés. Dans la brousse, le chef, c'était lui.

Soudain le fauve s'arrêta dans son élan.

— Qu'est-ce qu'il y a ? s'inquiéta Mia.

Tout à coup, un vrombissement de moteur déchira le silence et la Mercedes de Dirk surgit des buissons à une centaine de mètres d'eux, chargeant dans leur direction.

Mia et Charlie s'enfuirent, zigzaguant à travers les broussailles.

Quatre cents mètres plus loin, Kevin avait fait halte. John était agenouillé à la recherche de traces dans la poussière, quand ils entendirent les dérapages du 4x4 ; un tel bruit dans la savane n'était pas normal ; ils sautèrent dans la jeep qui démarra en trombe.

Malgré la difficulté à se frayer un chemin dans les taillis, la Mercedes gagnait inexorablement du terrain sur Mia et Charlie.

Épuisée, Mia trébucha sur une racine et tomba à terre. Le lion s'arrêta également, il ne voulait pas la laisser derrière lui. Mais Mia, qui avait reconnu la voiture de Dirk, savait que, s'il restait là, il était mort.

Elle hurla :

— Sauve-toi, Charlie ! Il va te tuer !

Mais Charlie refusait de bouger. Elle comprit que si elle ne le forçait pas à fuir, jamais il ne partirait, alors elle s'empara de tout ce qu'elle trouva près d'elle et le lui lança avec violence.

— Va-t'en ! Va-t'en ! Je ne veux plus te voir !!

La Mercedes s'arrêta dans un nuage de poussière et Dirk en sortit précipitamment. Il s'avança vers Mia, l'air mauvais.

— Où il est ? Où est le lion ?

Mia jeta un coup d'œil et s'aperçut avec soulagement que Charlie s'était enfui. Elle ne répondit pas et défia Dirk du regard. Alors, il la releva brutalement et répéta sa question.

Mia s'était blessée dans sa chute mais elle serra les dents et ne gémit pas.

Dirk insista :

— Parle, petite peste !

Pour toute réponse, Mia lui cracha au visage. Dirk, furieux, la gifla si fort qu'elle retomba au sol. C'est alors que Charlie, qui avait senti son amie en danger, bondit d'un fourré et s'abattit sur Dirk.

Terrassé de frayeur et souffrant des blessures infligées par le lion, Dirk les regarda s'enfuir sans pouvoir bouger.

Quelques secondes plus tard c'est la jeep des Owen qui arriva.

John ouvrit la portière et se rua sur lui.

— Je t'avais dit de te tenir à l'écart !

— Le lion blanc, John, il m'a attaqué.

John le secoua, sans se soucier de ses griffures.

— Je me fous du lion, où est ma fille ?

— J'en sais rien.

— Je te jure que si tu as touché à un de ses cheveux, je te tue. Dégage ou je le fais maintenant !

Dirk rejoignit sa voiture en boitant.

— Je ne veux plus jamais te voir…

John, désespéré, seul au milieu des broussailles, tomba à genoux et poussa un cri déchirant.

— Miiiiiiiiiiiiiiaaaaaaaaaa !

4

Mia, qui courait avec son lion à travers les hautes herbes, entendit le cri de son père. La douleur qu'elle perçut dans sa voix la bouleversa, mais elle ne pouvait pas s'arrêter, pas après ce qu'il avait fait. Elle devait sauver Charlie.

Alice, qui avait assisté à la scène depuis l'arrière de la voiture sans comprendre, vit John se rasseoir au volant et repartir en trombe à la poursuite de Mia, sans explication.

Elle explosa :

— Qu'est-ce qu'il faisait là ? Il sait où est Mia ? John !

Son mari ne lui répondit pas. Et cette fois, c'est Kevin qui ne supporta plus la situation. Il intervint :

— Dis-lui, John, pour l'amour de Dieu.

— Ce n'est pas le moment !

— Tu as fait tout ce que tu as pu pour rester propre, je le sais. Tu n'es pas responsable, John. C'est de la faute de Dirk… La faute de l'Afrique du Sud…

Alice, hystérique, secoua leurs fauteuils :

— Arrêtez ! Mia est en danger, et aucun de vous ne me dit la vérité !

Kevin jeta un regard lourd de sens à John :

— Dis-lui.

Alice était au bord des larmes. Qu'allait-il lui dire ? Elle avait peur, mais elle voulait savoir.

— Me dire quoi ?

John leva les yeux vers elle dans le rétroviseur intérieur, ne trouvant pas ses mots.

Et alors que Mia continuait son chemin, boitant, s'accrochant à la crinière de Charlie pour tenter de garder le rythme, John avoua à sa femme qu'il avait recommencé ce qu'il avait promis de ne plus jamais faire.

— Mia… a vu une chasse au lion.

Alice resta pétrifiée, hésitant à comprendre.

— Je ne savais pas, Alice, je te jure, je ne savais pas que le client voulait une bête pour ça…

Alice était décomposée. Elle balbutia :

— Tu ne savais pas ?!

— Non, il avait un permis d'achat et… je ne lui en ai pas demandé plus. Il s'était arrangé avec Dirk. On avait besoin d'argent et…

— Tu m'avais promis, John…

John entendait la déception dans la voix de sa femme et ça le torturait.

— J'ai fait tout ce que j'ai pu… pour que la ferme marche comme on voulait, comme je te l'avais promis.

— Comment as-tu pu faire ça ? Je te faisais confiance.

— Alice, s'il te plaît…

— Et maintenant, on va le payer au prix du sang de Mia.

Elle hurla de rage, le gifla, le roua de coups alors qu'il conduisait.

C'est Mick, le petit Mick timide et en retrait, qui s'interposa fermement.

Son calme et son assurance détonnèrent beaucoup avec le chaos qui régnait dans la voiture.

— Arrêtez… Charlie va la protéger, jusqu'à ce qu'ils arrivent à la rivière Timbavati…

John freina brusquement.

— Tu sais où elle va ?

— Oui, papa. Elle le ramène chez les Shangaans.

— Mais pourquoi tu ne l'as pas dit plus tôt ?

— Personne ne m'a rien demandé.

John et Alice se regardèrent, l'air coupable.

Pendant ce temps, Mia continuait sa route. Mais elle était à bout de forces. Elle n'avait presque plus à manger et finissait les derniers morceaux d'autruche qu'elle avait prélevés sur la victime de Charlie. Elle était percluse de courbatures et sérieusement brûlée par le soleil. Elle avait de plus en plus de mal à avancer.

Deux pick-up de la police s'arrêtèrent près la jeep tandis que John étalait une carte sur le capot. Il expliqua :

— Elle va à la rivière Timbavati... Elle doit donc être là, quelque part entre Kudu et le mont Sheba.

L'un des officiers transmit cette information à la radio.

Alice emmena son fils à l'écart et lui raconta toute l'histoire, son histoire :

Son père et elle étaient venus vivre en Afrique du Sud pour reprendre l'exploitation du père de John. Celui-ci apprenait le métier. Elle pensait que l'activité de la ferme était d'élever des lions et de les vendre ou de faire des safaris-photos, mais un jour, elle avait découvert l'affreuse vérité.

Alors que John était parti avec des clients, il avait oublié le panier de pique-nique sur la table. Alice, enceinte de Mia, avait alors décidé de le lui rapporter. Elle et Mick l'avaient rejoint, et là, ils avaient été obligés d'assister, malgré eux, à une chasse en boîte. Les clients étaient en fait des chasseurs qui payaient pour pouvoir tuer un animal sauvage dans un enclos et gagner un trophée. Alice avait été traumatisée mais, plus que ça, Mick l'avait été aussi. Ils étaient remontés dans la voiture comme des automates et depuis ce jour, Mick n'avait plus jamais été comme avant. Alice réalisait en lui racontant cet événement que c'était probablement ce fardeau que Mick portait depuis toutes ces années. Elle fondit en larmes et le serra dans ses bras.

— Je suis désolée, mon chéri, tellement désolée. J'ai perdu toute confiance en ton père... Ce n'est qu'après la naissance de Mia que je l'ai revu... J'étais partie à Londres avec toi et il est venu nous retrouver... Nous avons décidé d'essayer à nouveau. Dix années sont passées... Dix années merveilleuses... Et puis ton grand-père est mort et nous a laissé la ferme. C'était la dernière chose que je voulais... Mais ton père m'a juré qu'il ne vendrait jamais plus de lion à des chasseurs...

Elle tenta de ravaler ses larmes. Mick lui prit la main.

— Il m'a menti, Mick... Il nous a menti à tous. Je crois qu'il s'est même menti à lui-même. Et maintenant...

Mick la coupa. Les paroles de sa mère, loin de l'accabler, avaient agi sur lui comme un déclic libérateur.

— Ce n'est pas grave, maman. Quand Mia aura ramené Charlie à la rivière Timbavati, la légende s'accomplira... On sera sauvés...

Elle sourit en lui caressant les cheveux. Son si joli petit prince...

Alors que tous retournaient à leurs voitures, John fixa Alice.

— Alice ?

— Tais-toi.

Prenant Mick avec elle, elle monta dans un des pick-up de police, tandis que John, désemparé, les regardait repartir à travers la plaine.

Mia avait du mal à suivre le rythme de Charlie, qui la distançait de plus en plus.

Elle n'en pouvait plus. Elle ouvrit son sac, en sortit un couteau, qu'elle mit dans sa poche, et abandonna le reste pour continuer sa marche difficile.

Le soleil était encore plus haut dans le ciel, frappant le sol inexorablement.

Les lèvres de Mia étaient gercées et boursouflées, son visage horriblement brûlé.

À l'ombre d'un arbre, elle coupa un morceau de vigne d'eau avec son couteau et en but goulûment le liquide. Mais elle ne réussit pas à se relever. Elle avait épuisé toutes ses forces, elle ne pourrait plus faire un pas de plus et elle était perdue. Il fallait que le lion poursuive seul.

5

C'est alors que le lion revint vers elle et la regarda.

— Quoi, Charlie ?

Le fauve grogna et la poussa de la tête.

— Je ne peux plus, Charlie. Je ne sais même pas où aller. Je ne te sers plus à rien.

Mais Charlie s'approcha plus encore. Mia comprit enfin qu'il voulait la guider lui-même, que lui savait où il allait. Alors,

dans un dernier effort, elle attrapa sa crinière et poursuivit son chemin, guidée, et quasiment portée, par le lion.

Le paysage changea, le soleil atteignit le zénith et ils émergèrent en haut d'une colline à la vue imprenable sur la vaste savane. La beauté du panorama était à couper le souffle… C'est là qu'ils découvrirent, à une centaine de mètres, le territoire des Shangaans.

L'émotion de Mia fut trop forte, les larmes lui montèrent aux yeux.

— On a réussi…

Elle contempla le lion et tomba à genoux, frottant sa tête contre le flanc de son ami. Ils échangèrent un dernier regard puis Charlie glissa entre ses bras et commença son avancée majestueuse vers le territoire de la liberté. Les pleurs inondaient les joues de Mia à présent. Son cœur explosait de tristesse, de fierté et de bonheur.

Soudain, le bruit d'un moteur d'hélicoptère fit se retourner Mia. Elle dinstingua à l'intérieur un tireur d'élite qui visait le fauve.

— Charlie !

Elle voulut courir pour le protéger, mais elle était trop faible.

Plus bas sur la colline, des voitures de police s'arrêtèrent en dérapant tandis que des tireurs en surgissaient. Mick et Alice étaient avec eux, affolés.

La jeep de John vint s'arrêter entre eux, Mia et Charlie. Il sortit comme un fou et aperçut sa fille saine et sauve, et le lion.

À cet instant, il comprit qu'elle avait toujours eu raison. Il comprit en une image ce qu'il n'avait jamais pu croire avant.

Il hurla vers les policiers :

— Attendez ! Stop !

Son cri se perdit dans le vacarme des pales. Dans l'hélicoptère, le tireur d'élite attendait par radio l'ordre de tirer de son supérieur au sol.

Mais l'officier aperçut John qui agitait désespérément les bras. Il ordonna dans son émetteur :

— Ne tirez pas. Pas tout de suite.

John hurla à Mia.

— T'avais raison, Mia… On peut changer le monde !

À l'entrée de la réserve, le shaman s'était approché, encourageant le lion à le rejoindre. D'un pas d'une incroyable beauté, Charlie avançait vers son royaume, mais la distance était grande

encore et il était sous le coup d'une sentence d'exécution. À tout moment, il pouvait être abattu.

Le tireur de l'hélicoptère demanda dans sa radio :

— Suis-je autorisé à tirer ?

Les tireurs au sol également pointèrent leurs armes. Mick et Alice furent horrifiés en entendant l'officier dire :

— Feu ! Abattez le lion !

Les tireurs armèrent leurs fusils.

Alors Mia cria à son père :

— Papa, sauve-le !!!

John hésita quelques secondes qui semblèrent une éternité pour Mia puis, n'écoutant que son courage et son amour pour sa fille, il s'élança et s'interposa entre le lion et les tireurs.

Le tireur d'élite qui réglait sa visée était gêné par John.

— Qu'est-ce qu'il fait, merde ?

John accompagna Charlie au péril de sa vie jusqu'à l'entrée de la réserve où le shaman l'accueillit.

Le lion blanc était sauvé.

L'officier fit signe à ses tireurs de baisser leurs armes. L'hélicoptère s'éloigna.

John, Alice et Mick coururent en direction de Mia et tous tombèrent dans les bras les uns des autres en pleurant de joie, brisant ainsi les barreaux qui les séparaient.

Et la légende s'accomplit.

Épilogue

Quelques mois plus tard, Mia, Mick et Alice étaient assis sur un rocher dominant la savane.

Au loin, Charlie marchait à côté d'une lionne, tous deux suivis de trois lionceaux.

John s'installa auprès de Mia. Avec ses bottes et son jean, elle était plus que jamais la fille de son père…

Mais sa peau éclatante, ses cheveux décolorés par le soleil et le fin bracelet de perles qu'elle portait au poignet soulignaient le fait qu'elle avait aussi, maintenant, tout de sa mère.

Mia sourit puis enlaça les épaules de son père, et, tandis qu'ils regardaient à nouveau Charlie, Jodie surgit derrière eux :

— Vous allez juste rester plantés là comme ça, ou quoi ?!

Elle déposa un énorme panier de pique-nique, pendant que Kevin la suivait, des bouteilles à la main.

— Bougez vos fesses et venez m'aider !

Alors qu'ils accouraient pour sortir les victuailles, Trevor jaillit du panier avec un paquet de M&M's. Ils éclatèrent d'un rire joyeux.

250 000 lions sauvages régnaient sur l'Afrique il y a 100 ans. Leur population a chuté de 90 % et, l'année dernière, selon les experts, il en restait moins de 20 000. Les lions ne sont pas considérés comme une «espèce en voie de disparition» mais si leur nombre continue à baisser au même rythme, ils auront complètement disparu à l'état sauvage dans 20 ans. En Afrique du Sud, au cours des 10 dernières années, plus de 10 000 lions ont été tués dans des chasses au lion, une industrie légale. Ils viennent des fermes d'élevage. La plupart de ces fermes ne sont pas des sanctuaires, mais des endroits où les lionceaux sont élevés pour l'abattage, où les volontaires sont dupés et où l'on ment aux touristes.

« Pour l'éditeur, le principe est d'utiliser des papiers composés de fibres naturelles, renouvelables, recyclables et fabriquées à partir de bois issus de forêts qui adoptent un système d'aménagement durable. En outre, l'éditeur attend de ses fournisseurs de papier qu'ils s'inscrivent dans une démarche de certification environnementale reconnue. »

Composition et mise en pages : Nord Compo

PAPIER À BASE DE FIBRES CERTIFIÉES

hachette s'engage pour l'environnement en réduisant l'empreinte carbone de ses livres. Celle de cet exemplaire est de : 750g éq. CO_2 Rendez-vous sur www.hachette-durable.fr

Achevé d'imprimer en Espagne par Industria Grafica Cayfosa
Dépôt légal 1re publication : novembre 2018
36.0123.6 – ISBN : 978-2-01-627022-6
Édition : 03 – Dépôt légal : mars 2019

Loi n° 49-956 du 16 juillet 1949
sur les publications destinées à la jeunesse